曹操传

陈世霖◎编著

中国纺织出版社有限公司

内 容 提 要

他是棋高一招、诚诡难辨的谋略高手，他是运筹帷幄、著述兵法的军事理论家，他是心怀天下、大气磅礴的出色诗人，他更是精通音律、热爱运动、多才多艺的“多面选手”。他有“宁教我负天下人，休教天下人负我”的人生格言，他被称为“治世之能臣，乱世之奸雄”。关于他，人们褒贬不一，莫衷一是，他就是一代枭雄——曹操。

本书在史料的基础上，运用通俗易懂的文字、轻松活泼的语言，把曹操陈留起兵、征讨四方、逐鹿中原、官渡之战、平定西北、统一北方等主要生平事件串联起来，将曹操的真实一生展现给读者看，希望对读者能有所启发。

图书在版编目（CIP）数据

曹操传／陈世霖编著. --北京：中国纺织出版社有限公司，2022.6（2025.3重印）
ISBN 978-7-5180-9363-2

Ⅰ. ①曹… Ⅱ. ①陈… Ⅲ. ①曹操（155-220）—传记 Ⅳ. ①K827=342

中国版本图书馆CIP数据核字（2022）第031340号

责任编辑：闫 星　　责任校对：高 涵　　责任印制：储志伟

中国纺织出版社有限公司出版发行
地址：北京市朝阳区百子湾东里A407号楼　邮政编码：100124
销售电话：010—67004422　传真：010—87155801
http://www.c-textilep.com
中国纺织出版社天猫旗舰店
官方微博 http://weibo.com/2119887771
德富泰（唐山）印务有限公司印刷　各地新华书店经销
2022年6月第1版　2025年3月第5次印刷
开本：880×1230　1/32　印张：6
字数：91千字　定价：49.80元

前　言

东汉末年，天下大乱，地主豪强割据一方，战乱四起，百姓民不聊生，在这样混乱的年代里，一代枭雄——曹操登上了历史的舞台。

曹操字孟德，小名阿瞒，沛国谯郡（今安徽亳县）人，出生于一个大官僚地主家庭，是家中长子。因其父曹嵩乃是中常侍曹腾养子，故改姓曹。曹操自小机智警敏、有随机权衡应变的能力，20岁时，受州郡举荐，以“孝廉”为“郎”。中平六年（189年），曹操与袁绍讨伐董卓兵败。后因镇压黄巾军，选编其精锐，队伍日益壮大，于建安元年（196年），迎汉献帝都许县，封为大将军、武平侯。从此，曹操大权在握，号令四方，灭吕布、破袁绍，征乌桓，统一了中国北方，并实行一系列政策恢复经济生产和社会秩序，奠定了曹魏立国的基础。曹操在世时，担任东汉丞相，后为魏王，去世后谥号为武王。

从陈留起兵，到病逝于邺城，曹操的一生叱咤风云，跌宕起伏，他是一位有理想、有热情、有魄力的政治改革家，是一位文韬武略、抚平乱世的军事家，更是杰出的文学

家、诗人，他本人也是集猜忌、勇武、风流于一身的真英雄……史书评论曹操："明略最优""治世之能臣，乱世之奸雄""抑可谓非常之人，超世之杰矣"。《资治通鉴》引谋士荀彧、郭嘉对曹操的评价，说曹有十胜，即"道、义、治、度、谋、德、仁、明、文、武"。著名的《让县自明本志令》作于建安十五年（210年），光明磊落，字字真挚。曹操感性地说："使天下无有孤，不知当几人称帝，几人称王。"足可见曹操怀有天下之心，但同时曹操生性敏感，他为父报仇屠杀徐州百姓，杀荀彧、华佗，都无法被原谅，晚年遭头疼折磨的他更是身居高位，难掩孤独。

"往事越千年，魏武挥鞭"，沧海桑田，岁月也抹不掉曹操在历史上的影响，我们无意于评价曹操一生的功过是非，我们只是还原真实的曹操，本书就是这样一本"正说"传记。

本书主要以史料为基础，用平和的语言阐述了曹操在汉室末年从陈留异军突起、伐董卓、挟天子以令诸侯，终在纷乱中夺得一席之地的经历，将曹操人物性格中既智又诈的一面淋漓尽致地展现在读者眼前，希望读者朋友们喜欢。

编著者

2022年1月

目　录

第一章 生逢乱世，放荡不羁的曹操

放荡不羁的曹阿瞒

公元155年，在东汉谯县（今安徽亳州）的一个宦官集团的大官僚家庭里，一个小男孩出生了，他就是曹操。曹操的父亲叫曹嵩，是宦官曹腾的养子，曹家的祖先原本姓夏侯，曹嵩在认了曹腾为干爹后，便随了他的姓，这在极为注重孝道的古代是为人所不齿的。

曹操出生于东汉第十一任皇帝汉桓帝刘志在位时期，此时的东汉王朝由外戚和宦官把持朝政，且二者之间的争斗如火如荼，朝廷似乎成了他们的竞技场，朝野上下一片混乱，社会动荡不安，官场腐败，再加上天灾不断、瘟疫肆虐，东汉王朝实际上已经岌岌可危。

这些现象的出现要归结于东汉政权的性质，东汉王朝是世袭的地主阶级政权，汉光武帝刘秀本身就是豪强地主，他推翻了王莽政权，一举夺得了天下，并且用庞大的地主集团来统治人民和国家，这样的政权性质往往是子承父业、代代

相传，他们凭借自己在政治上的优势掠夺经济，比如经营工商业、发放高利贷，掠夺民众的财富，在《后汉书·仲长统传》中，就有这样的描写："豪人之室，连栋数百，膏田满野，奴婢千群，徒附万计……琦赂宝货，巨室不能容；马牛羊豕，山谷不能受。"这里的"豪人"指的就是东汉的豪强地主。一些势力较强的豪强，家兵数量就足以和军队抗衡。

在东汉王朝的历任皇帝中，只有汉光武帝和明、章二帝能做到政由己出，而到了第四代皇帝汉和帝刘肇继位时，因为其年纪尚幼，政权由继母章德窦皇后把持。

窦皇后权倾朝野，后将政权交由她的兄长窦宪独揽，造成外戚专权。

当汉和帝长大后，他与宦官郑众合谋，设计杀了窦宪，外戚集团的势力被削弱，但是外戚和宦官权力此消彼长，宦官在打击外戚专权的过程中有功，势力也趁机膨胀，在此后的一百年时间里，东汉王朝每次继位的皇帝都很小，一直由宦官把持朝政，宫廷生活荒淫腐化，这些帝王都早早去世了。

对于百姓来说，他们在皇帝、宦官、豪强的压迫和剥削下挣扎求生，越来越多的农民失去土地，生活越来越艰难，甚至食不果腹，不得不到处流亡，处境十分凄惨。这些情况

导致了社会矛盾加深、阶级矛盾激化，于是，在汉灵帝中平元年，也就是公元184年，终于爆发了以张角兄弟为首的黄巾大起义，愤怒的民众到处烧毁官府、杀死官吏、惩治豪强恶霸，起义军英勇无敌，宣泄着内心的不满，但因为缺乏军事经验和武器装备，这场起义只维持了半年多的时间，但东汉政权也因此而变得摇摇欲坠。

然而，农民起义军的奋起反抗并没有引起东汉皇室的警惕，他们反而变本加厉，继续搜刮民众，一些豪强恶霸们为了对抗农民起义军，还到处招兵买马、组织私人武装力量，他们或与当地政府官员勾结，或自己任刺史、州牧、郡长，建立自己的小政府，各自为政，形成东汉末年各地军阀割据的局面。

这就是曹操出生的大时代背景。

曹操的祖父宦官曹腾，早年因事入宫，担任黄门从官、太子侍读。汉顺帝即位后，历任小黄门、中常侍、长乐太仆。定策迎立汉桓帝有功，受封“费亭侯”，累迁大长秋，加位特进。

曹腾为人胸怀宽广，当时的蜀郡太守托送计簿的官吏送礼物贿赂他，益州刺史种暠在斜谷附近查获了书信，就上书奏告蜀郡太守，并因此弹劾曹腾，请求将他交给廷尉问罪。

汉桓帝知道书信是由外面来的，所以没有怪罪曹腾。对于种暠的弹劾，曹腾并不计较，还时时称赞种暠是个能干的官吏。当时的人都因此赞美他。

曹腾在宫廷里面供职三十多年，经历了四位皇帝，都未曾有过失。他所推荐的都是天下知名的人士，如陈留（今河南陈留县治）的虞放、边韶，南阳的延固、张温，弘农的张奂，颍川的堂溪、赵典等人。

太和三年（229年）六月二十六日，魏明帝追尊其高祖父曹腾为高皇帝，其夫人吴氏为高皇后。直到西晋代魏，这个称号都一直保存着。曹腾也成为曹魏王朝六个拥有帝号的人物之一（魏高皇帝曹腾，魏太皇帝曹嵩，魏武皇帝曹操，魏文皇帝曹丕，魏明皇帝曹睿、魏元帝曹奂，曹芳和曹髦未能享有帝号）。

在中国历史上，被正式授予正统王朝皇帝称号的宦官，仅此一人。

作为宦官，曹腾是不可能生儿育女的，但是他自幼入宫后与女子吴氏结为“对食”夫妻。曹腾死后，他的养子曹嵩（曹操的父亲）承袭了他的封爵。

在《三国志・魏志・武帝纪》中称曹嵩“莫能审其生出本末”，也就是说，无法知晓曹嵩是谁家的孩子，有说法

认为，“曹嵩是曹腾从夏侯氏里领养来的”。陈寿在《三国志·诸夏侯曹传》中评：“夏侯、曹氏世为婚姻……故惇、渊、仁、洪、休、尚、真等并以亲旧肺腑，贵重于时。”从后来曹操对夏侯家族的重用情况来看，两个家族绝非一般的姻亲关系。

自汉灵帝建宁元年（168年），宦官王甫发动第二次“党锢之祸”起，一直到中平六年（189年）汉灵帝死，是东汉宦官集团势力达到顶峰的时期，曹腾的子弟也就是在这一时期，布满整个朝堂。曹嵩在此期间，由于曹腾的照拂，加上得体的待人处世，官司隶校尉。到了汉灵帝即位，擢拜曹嵩为大鸿胪、大司农，先后掌管国家的财政和礼仪，位列九卿，位高权重。

曹嵩并不像养父那样是个清廉之人，多年为官，因权导利，曹家可谓富甲一方。

中平四年（187年）十一月，太尉崔烈被罢免，大司农曹嵩贿赂中官以及给西园捐钱一亿，成为太尉，位列三公。太尉仅次于大将军，曹嵩由此达到了自己政治生涯的最高峰。

虽然曹腾和曹嵩的官位很高、经济实力雄厚，但在社会上，宦官一直为人所歧视，加上曹嵩的祖代也并不显赫，因

而曹氏家族仍然被列入不能享受政治特权的“寒族”，远不如当时的地主豪强。

曹操是曹嵩的长子，从小就思维敏捷、行为迅速，善于随机应变，不喜遵守封建礼教那些清规戒律，生活上更是放荡不羁，喜欢玩飞鹰走狗、围猎比武，喜欢骑马射箭，经常玩到很晚才回家，不仅如此，他还凭借自己的“武艺”，到处闯祸，随着曹操逐渐长大，他的父亲也对曹操逐渐失望，认为这个孩子“非君子也”。

曹操的这种放荡不羁的行为，更是引来人们的风言风语，他的叔父也在其中。他将曹操的“不务正业”告诉了曹嵩，让曹嵩对曹操严加管教，而曹嵩自然将曹操严厉地训斥了一顿，并加紧了对儿子的约束和管教，曹操知道自己的“遭遇”都是拜叔父所赐时，便想着找个机会报复他。

曹操有一天在路上碰到了自己的叔父，突然灵感一来，想到了一个非常好的计谋，就假装眼歪嘴斜流口水，叔父感到奇怪，问他怎么了。

曹操说：“突然中风了。”

叔父赶紧去告诉曹嵩。曹嵩很惊愕，就把曹操喊过来。

曹操便不假装中风，口貌如故。曹嵩问：“叔父不是说你中风吗？现在好了？”

曹操说：“我本来就没有中风啊。只是叔父不喜欢我，所以有这种无中生有的事情吧。”曹嵩于是产生了疑心，从此叔父再说什么，曹嵩都不再相信。曹操因此更加肆意妄为了。

还有一件事足以证明曹操的诡诈，曹操和袁绍小时候原本是发小，两人经常在一起玩耍，一次，两人约好了去某大户人家偷东西。

两个小少年偷偷地潜入人家的庄园，结果被人发现，庄园顿时一片混乱，仆人们乱作一团。

两人赶紧逃跑，曹操与袁绍两人因为第一次做这种事情，还是非常紧张的，一不小心就迷路了，两人为了躲避追捕逃进一片荆棘林中。

袁绍不小心掉入一个陷阱中，怎么都动不了。而曹操则没事，谁知道，曹操说：“兄弟对不住了。”然后扯着嗓子喊：“贼人在这里，快来擒拿。”说完，曹操转身就跑。袁绍气得半死，但是追赶的人马上就要来了，他一个箭步、身子一跃，从洞中跳了起来。

一爬出来，他赶紧朝曹操逃窜的方向追去，二人得以逃脱。

追到曹操后，袁绍揪着曹操的脖领子要揍他。曹操说：

“我救了你，你为什么要恩将仇报？”

“放屁，你差点害死我。”袁绍愤怒地说。

“如果我不那样喊，你怎么有力气从洞中跳出来？”

袁绍一想，倒也是这个道理，但是曹操太阴险诡诈了，还是不要和他亲近为好，自此，两人关系逐渐疏远了。

少年曹操随着年纪的增长，逐渐“懂事”了不少，特别是从父亲那里看到了官场的争斗。他逐渐接触社会人士，感到时代多艰，发出“忧世不治”的感慨，他也不再整日沉溺于玩乐，而开始认真学习、博览群书。

小时候的曹操虽然顽劣，但比较喜欢阅读，尤其是喜欢军事作品，比如诸家兵法，他将东汉以前的兵法书中重要的内容摘取出来，汇编成册，也就是《兵法节要》这本书。曹操认为，春秋时期孙武的兵法书最有价值，但是最晦涩难懂，前人也没有作过注解，阅读的人常常无法理解其中的要义。于是，他决定为《孙子》作注，将原来八十二篇中的精华部分汇编成十三篇，分篇注解，加上序言，将其命名为《孙子略解》《孙子注》，此书一直流传至今。

除了兵法，曹操对于经史典籍也多有涉猎，年轻时曹操就因为“能明古学”而著称于乡里，曹操后来统帅军队时依然坚持勤奋读书的习惯，而这些，都为他后来成为叱咤风云

的人物和杰出的文学家奠定了重要的知识条件。

曹操因为年少时任性好侠、放荡不羁、不修品行、不研究学业，所以当时的人不认为他有什么特别的才能，只有梁国的桥玄等人认为他不平凡，桥玄对曹操说："天下将乱，非命世之才不能济也，能安之者，其在君乎？"南阳何颙对他说："汉室将亡，安天下者，必此人也！"

许劭（150—195年），字子将。汝南平舆（今河南平舆县射桥镇）人。东汉末年著名人物评论家。据说他每月都要对当时人物进行一次品评，人称为"月旦评"。曾任汝南郡功曹，后南渡投靠扬州刺史刘繇。

据《魏晋世语》记载，桥玄曾劝说曹操拜访许劭，曹操造访后得到了许劭的认同，由此声名鹊起。不过，对于许劭品评曹操的具体过程，也存在不同的说法。

范晔的《后汉书》记载说，曹操没有得志显名的时候，曾经置办厚礼很谦逊地求许劭为他品评。许劭看不起他，不肯说，曹操找了个空子威胁许劭，许劭不得已，就说"你是清平之世的能臣，乱世中的英雄"。曹操极为高兴地走了。《资治通鉴》收录的，也是这种说法。

孙盛的《异同杂语》（《三国志》裴松之注引）则说，曹操曾问许劭："我何如人？"许劭不回答。曹操坚持要问，许

劭回答说："子治世之能臣，乱世之奸雄。"曹操大笑。

在得到许劭的肯定后，曹操更有自信了，心中的抱负也更加远大，尤其是许劭的评语流传出去，加上其他一些知名人士的宣扬，曹操在社会上逐渐有了名声。

少年崭露头角

熹平三年（174年），二十岁的曹操被举为孝廉，入京都洛阳为郎。不久，被任命为洛阳北部尉。自此，曹操踏上了仕途，开始了他的政治生涯。

东汉末年的首都为洛阳，洛阳城共分四部，设四部尉，各自负责一个区域。

洛阳为东汉都城，是皇亲贵戚聚居之地，很难治理。曹操一到职，就申明禁令、严肃法纪，状态立刻与年少荒唐的他有了巨大的不同。一般来说，平时混吃等死没出息的纨绔子弟是不堪大用的，但是曹操不一样，一上任便干得风生水起、有模有样。“初到任，即设五色棒十余条于县之四门，有犯禁者，不避豪贵，皆责之。”

东汉时期，出于安全角度考虑，洛阳城晚上有宵禁的规矩。不仅有宵禁的规矩，从四个城门进入洛阳城的人都要受到检查——最早安检的由来。在古时检查往往是比较

松懈的，但是曹操不同，新官上任三把火，他一到岗就定了死规矩："谁都不要想蒙混过关，查到一个打一个，而且不管你官职多高、家境多好，只要在我这儿犯错了，照罚不误"。

皇帝宠幸的宦官蹇硕的叔父蹇图违禁夜行，曹操毫不留情，将蹇图用五色棒处死。于是，"京师敛迹，无敢犯者"。但是曹操也因此得罪了蹇硕等一些当朝权贵，碍于其父曹嵩的关系，他被明升暗降，调至远离洛阳的顿丘（今河南清丰），任顿丘令。这一年，曹操二十三岁。多年后曹操给其子曹植的一封书信《戒子植》写道："吾昔为顿丘令，年二十三，思此时所行，无悔于今。今汝年亦二十三矣，可不勉欤！"

光和元年（178年），曹操因堂妹夫濦强侯宋奇被宦官诛杀，受到牵连，被免去官职。其后，他在洛阳无事可做，回到家乡谯县闲居。

抛开曹操的家境身份不谈，就一到任便瞪起眼珠子认真工作的二十岁青年来说，曹操也是一个有抱负有理想，对于自己的事业努力拼搏、积极工作的人。从这个层面上来看，曹操这与众不同的行事风格和做事不苟的态度，也最终帮助他成就了大业。

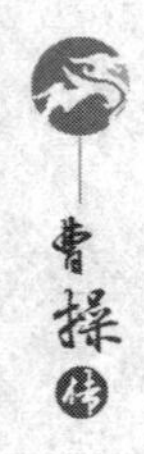

在光和二年，也就是公元179年，二十五岁的曹操迎娶了卞氏为妾。

传说卞氏名为玲珑，生得面容姣好，家中几代都从事说唱卖艺行当。卞氏出生的时候，满满的光聚在室内，相士说这是吉兆，将来肯定有大福大贵。话虽然这么说，但卞氏父母认为只是讨个口喜而已，卞氏长大一些后，她的父母能做到的事就是让她继承家族衣钵街头卖艺。

卞氏二十岁那年的一天，在安徽亳县某地卖艺，在家里休闲出来逛街的曹操无意中见到了卖艺的卞氏。对其一见钟情，于是就纳其为妾。卞氏刚进曹操府第时，家中除了正室夫人丁氏，还有几个小妾。卞氏性格温柔，与人随和，从不在家争宠和搬弄是非。后为曹操生下四子，曹丕、曹植、曹熊、曹彰。公元220年，曹操病逝，曹丕继位为魏王。后来，曹丕逼迫汉献帝退位，自己登上了御座，追封曹操为魏武帝，尊母亲卞氏为皇太后。

光和三年（180年），曹操又被朝廷征召，任命为议郎。此前，大将军窦武、太傅陈蕃谋划诛杀宦官，不料其事未济反为宦官所害。曹操上书陈述窦武等人为官正直而遭陷害，致使奸邪之徒满朝，而忠良之人却得不到重用的情形，言辞恳切，但没有被汉灵帝采纳。而后，曹操又多次上书进

谏，虽偶有成效，但东汉朝政日益腐败，曹操知道无法匡正。于是，“不复献言”，不复献言不是对现实的逃避，而是表明曹操对当下的时局有了更深层次的认识。

初登汉末群雄割据的历史舞台

中平六年（189年）四月，汉灵帝刘宏病逝于南宫嘉德殿，逝后第三天，皇子刘辩登基，年仅十四岁，其母何皇后被尊为皇太后，何太后把持朝政，大赦天下，改年号为光熹，封九岁的皇弟刘协为“渤海王”，擢升后将军袁隗（袁绍的叔叔）为皇家师傅太傅，与何皇后的兄长大将军何进共同主管朝廷大事。另一方面，灵帝在病危时，又托孤给宦官、上军校尉蹇硕。

蹇硕与何进素来是仇敌，蹇硕想杀了何进，再拥立刘协登基，但没想到计划提前败露未成，何进既掌握大权，且洞悉了蹇硕的阴谋后，伺机报复蹇硕，想乘机铲除宦官的势力，蹇硕也想到何进不会就此罢休，准备先下手为强，所以联系几个宦官密谋诛杀何进，谁料这些宦官将此事告知了何进，蹇硕被何进杀死。

中平六年秋天，刘辩改封皇弟刘协为陈留王，中军校尉袁绍再次向何进建议全部铲除宦官，何进将此事告知了何太后，但是遭到何太后的反对，何进一时没有了主意，而袁绍看到左右摇摆的何进，便提议率军向京师进发，同时威胁何太后，此建议被何进采纳，准备实施行动。

此时，任典军校尉的曹操听到消息后，说："自古以来，各朝各代，宦官皆存在，是不可能灭绝的，问题在于君王不可太过宠信他们，更不要让大权旁落到他们手里，既然要惩治他们，只需要惩治元凶，交给一个军法官就可以了，何必劳师动众，将地方军队召集起来威胁朝廷呢？一旦走漏了风声，行动肯定要失败。"

于是，何进命董卓率军直逼京师。

董卓，何许人也？

董卓字仲颖，凉州陇西临洮（今甘肃岷县）人，东汉末年军阀和权臣。董卓生性凶残，狡诈无情，贪得无厌。

朝中大臣纷纷劝说不要让董卓进京，何进不听，董卓要进京的消息很快传入宫中，在宦官中引发一阵恐慌，以张让、段煨为首的宦官决定先下手为强，八月二十五日，何进在进宫见了何太后返回以后，张让等人骗他重新入宫，就在嘉德殿斩杀了何进，随即关闭了宫门，袁绍、袁术等得到消息，率军杀入宫中，张让、段煨等被困于宫中，无奈只好裹

胁皇帝刘辩和刘协逃出谷门（位于洛阳正北），逃向北方。

当他们刚刚到达北邙山时，就遇到了董卓，那时董卓带领着三千铁骑前来救驾。皇帝刘辩看到董卓杀气腾腾地赶来，立刻就吓得浑身发抖，双腿忍不住地颤抖，一句话都说不出来。而留在身边的太监和文官们看到董卓更是一句话都不敢说，要知道，董卓的残暴早已是人尽皆知的事，只要稍微让他不满意，就会招来杀身之祸，就在这个时候，比刘辩还小的刘协站了出来，他虽然比刘辩年龄小，但是却十分淡定，从容地叙述了整个事情的经过。由此，董卓知道了刘协是由董太后养大的，而董卓与董太后又是同一族的，他看到刘协并不惧怕自己，自然非常喜欢刘协，同时也希望刘协能够当上皇帝。

董卓进京后第一件事就是废杀汉少帝。公元189年9月25日汉少帝回到洛阳。三天之后，董卓就宣布废掉汉少帝，改立汉少帝的弟弟刘协为皇帝，就是历史上大名鼎鼎的东汉最后一个皇帝汉献帝。

当然，董卓不会仅仅因为皇帝愚笨就废掉皇帝，董卓为什么要废掉汉少帝呢？一个重要的原因是当时汉少帝的母亲何太后还在世，早晚会成为董卓的心腹大患。而汉献帝则不一样，汉献帝刘协出生没多久，其母就被何太后毒死，汉

灵帝也已病逝，刘协孤苦伶仃，无依无靠，也没有可以依仗的权臣。九岁的皇帝汉献帝即位后，董卓可以轻而易举地控制朝廷，这才是董卓废立皇帝的真正原因。董卓不仅废了汉少帝，不久之后，还派遣部下（李儒）毒杀了汉少帝和何太后。至此，九岁的汉献帝在世上真的是一个亲人也没有了。

董卓进京后烧杀抢掠、奸淫妇女，军纪荡然无存，董卓不仅对活人残暴，甚至连死人也不放过，《后汉书》记载，董卓派遣吕布盗挖陵墓，把洛阳附近上至皇帝，下至达官贵人的陵墓全给挖了，把陪葬的金银财宝纳为己有。但董卓到洛阳时兵力单薄，人数不过三千，此时，他想拉拢曹操扩充实力，为此，他曾经任命曹操为骁骑校尉，但曹操看到了董卓的残酷暴行，知道董卓注定要失败，于是，任职后不久，就弃职逃离了洛阳。“卓表太祖为骁骑校尉，欲与计事。太祖乃变易姓名，间行东归。”

与此同时逃离京城的，还有袁绍，袁术也恐惧董卓，弃职去了南阳。

第二天一大早，董卓听说曹操已逃，气急败坏，立即派兵追捕，同时发出通缉令，严密搜寻曹操的下落。

曹操逃出洛阳返回家乡的路上，发生了两件事，一直被后世谈论。

第一件事是，曹操在逃出洛阳后，董卓到处捉拿曹操，到了成皋途（今河南荥阳汜水镇）中被陈宫所救，二人共同来到吕伯奢家，吕伯奢吩咐家人杀猪款待二人，自己前往西村买酒，但曹操却误以为吕家的磨刀声是要杀死自己，于是尽杀吕氏一家八口。离开吕家后遇见买酒归来的吕伯奢，曹操因担心吕伯奢告发自己，于是挥剑砍死吕伯奢；陈宫因此责备曹操大不义，曹操却回答“宁教我负天下人，休教天下人负我”。陈宫因此认定曹操是不义之人，于是离他而去。

第二件事是，曹操从成皋出来，经过中牟，境内的一个亭长发现了形迹可疑的曹操，便将他扣押起来，送到了中牟县的县衙，此时，董卓的通缉令已经到达了县衙，但是县令未曾想到抓来的这个人就是曹操，而人事官（功曹）知道此人就是曹操，不过他认为此时天下已经大乱，何必再杀一个英雄豪杰，于是向县令说了情，将曹操放了。

侥幸得以逃脱后，曹操向自己的家乡谯县赶去，这年十月份，他又从自己的家乡来到了陈留郡。

陈留郡隶属兖州，为什么曹操会来陈留郡呢？其实，这件事上曹操是有长远打算的，陈留在当时已经是经济富庶的大郡，此地土地肥沃、人口众多，而太守张邈与曹操是好

友，而兖州刺史刘岱，又是士大夫集团中反对董卓的突出人物，因此，在得到曹操到了陈留郡的消息后，便允许他在此地招兵买马。

其实，曹家也有一部分产业就在兖州，曹操为了招兵买马，将自己的家业拿了出来，他还在附近的郡县招募义士，竖起招兵白旗，在上面写着“忠义”二字，前来应招的人络绎不绝，其中的代表人物是谯县的族兄弟曹仁、曹洪、夏侯惇、夏侯渊。

曹仁，字子孝，曹操从弟，陈穆侯曹炽之子。东汉末年，天下大乱，曹仁暗自结集上千青年，游荡在淮河、泗水之间，而后曹操在陈留起事，他便和曹洪一起投奔到曹操麾下。

夏侯惇，西汉太仆夏侯婴之后，夏侯渊族兄。他勇猛善战，十四岁时有人羞辱其师，他便将那人杀死。曹操举兵讨伐黄巾军时，夏侯惇随曹操征讨，担任裨将。

初平元年（190年），讨董卓联军组成后，曹操担任奋武将军，任命夏侯惇为司马，跟随曹操到扬州募兵。曹操建立势力后，派夏侯惇屯白马，不久又升他为折冲校尉，兼任东郡太守。

夏侯渊是西汉太仆夏侯婴之后，他的夫人为曹操之妻妹。曹操在家乡受某案件的牵连，夏侯渊代其承担。曹操又

设法营救，才使他得以免祸。当时兖、豫大乱，夏侯渊因为饥乏，舍弃了幼子，而养活亡弟孤女。中平六年（189年）十二月，曹操在陈留起兵，夏侯渊以别部司马、骑都尉职追随曹操。

除此之外，还有曹操的侄儿曹休、曹真。

曹休是曹操的族子、曹洪的亲侄。曹休的祖父曹鼎历任河间相、吴郡太守、尚书令。当时天下大乱，曹氏宗族各个散去，离开乡里。曹休十余岁时丧父，他独自与一门客抬着父亲灵柩，临时租借了一块坟地将父亲安葬。然后带着母亲，渡江到吴地避难，被吴郡太守收留。曹休在太守官邸里，见到壁上挂着昔日太守即其祖父曹鼎的画像，遂下榻拜于地上涕泣不已，当时同坐的人都对曹休感到赞许和惋惜。

中平六年（189年），曹操在兖州举义兵讨伐董卓，曹休于是变易姓名从千里之外的吴地途经荆州北归中原，见到曹操。曹操当时对左右的人说：“这是我们家的千里马啊（本意只是戏称曹休能够辗转行走千里来归，如同能行走千里的马驹）。”于是让他与曹丕共同食住，待若亲子。后来曹休经常跟随曹操四处征伐，曾在“天下骁锐”的虎豹骑中担任宿卫之职。

再有曹真，是曹操的养子。据《三国志》记载，曹操起

兵讨伐董卓时，曹真之父秦邵为曹操招募兵马，后为豫州牧黄琬所杀害，曹操哀曹真少孤，于是收养了丧父的曹真。但另据裴松之注引《魏略》的记载，曹真本姓秦，其父秦邵素来与曹操相善。兴平末年，袁术部曲与曹操在豫州交战，曹操一次外出侦察时，遭遇袁术部曲追杀，幸得曹真之父冒名顶替，袁术部曲误以为他就是曹操，遂杀之而去，使曹操躲过一劫。曹操想到秦邵恩德，因此收养曹真，变易其姓，才转姓曹。两种说法莫衷一是。

曹操收养曹真后，让他与曹丕等一起生活。曹真力大勇猛，有一次射猎时被虎在后面追逐，曹真回马射虎，虎应声而倒。曹操欣赏他的骜勇，让他率领虎豹骑。曹真成功讨伐了灵丘的贼寇，被封为灵寿亭侯。

此外，还有族外人来投归，最著名的就是东郡卫国（今山东范县西）人乐进，乐进出生于阳平郡卫国，三国志载其：“容貌短小，有胆烈而从太祖，为帐下吏。”

初平元年（190年），曹操因兵少，亲自去扬州募兵。乐进则被遣回所属的阳平郡募兵，募得千多人，后来与曹操在河内会合，升任为军假司马、陷陈都尉。

自此，曹操募集到了一支几千人的武装力量，有了与董卓抗衡的资本，曹操也正式登上了东汉群雄割据的舞台。

陷入混战状态的东汉末年

曹操陈留起兵的同时，袁绍已经到达了河北，董卓自知袁绍势力不可小觑，便企图拉拢他，让他做渤海（今河北南皮东北）太守，羽翼丰满的袁绍怎么会答应呢?

于是，初平元年（190年），袁绍在河北联合冀州牧韩馥，并联络关东（函谷关以东）州郡一起声讨董卓，同时，参与其中的有另外十七路人马，因为袁绍家世显赫、声名远播，大家一致推举袁绍为盟主，袁绍自称车骑将军，他还给其他将领授予官职，其中，曹操被授予奋武将军一职。

在盟会上，众将领细数董卓暴行，决心同盟除暴、复兴汉室，盟会结束后，祭祀杀生、大宴三天，宴会上，袁绍安排了各路人马，比如，驻军河内的是袁绍与河内军长，而负责后勤供应的则是冀州州长韩馥，后将军袁术则驻军鲁阳（今河南鲁山）。曹操拥有五千人马，但是没有根据地，在军队给养方面，不得不受限于陈留军长张邈的帮助，在军队

指挥上，也受他管制，因此，曹操和张邈都驻扎在酸枣。一时间，天下豪杰，都唯袁绍马首是瞻，唯有鲍信告诉曹操：“不是所有人都有智谋，能抚平这乱世的人是你，才能与地位不相符，即便再强大，最后也会坍塌，这些人也许是上天派来为你开路的吧。”

袁绍集结天下英雄豪杰建立联军的消息很快传到了京城，董卓听后惊恐万分，他做了两手准备，一面调动军队严密把守洛阳，另一面不顾大臣们的反对，准备迁都长安，他还命人将洛阳城中的地主豪强叫到一起，给他们安上一个罪名，然后全部处死，并没收他们的财产。随后，他将整个洛阳城中的百姓，共有百万之多，全部驱赶到长安。

要知道，洛阳和长安之间相距三百五十公里，路途遥远，中间有崤山、华山，道路险阻，很多人体力不支、跟不上大部队，但是只能无奈往前走，因为董卓命兵在后用绳子驱赶，因此有很多人因为疾病和饥饿而死在了路上，道路两旁不断有尸体出现。董卓自己则是留在了洛阳，然后一把火烧了皇宫、民宅、街道，原本热闹又繁华的洛阳，顿时成了一片焦土，火势蔓延了方圆三百公里。

这年三月五日，汉献帝长途跋涉抵达长安，因为董卓还未抵达，朝廷内外大小事便由司徒王允主持，王允在董卓手

下隐忍，也深受董卓信任。

袁绍可能没想到，因为他起兵反董，董卓便杀了他的叔叔太傅袁隗、太仆（主管车马交通事宜）袁基以及其他袁家老小，甚至连嗷嗷待哺的婴儿都未被放过，一共五十几条人命被害，一时间血流成河，惨不忍睹。

董卓留守洛阳，迎击前来讨伐自己的关东军，关东军虽然阵容强大，但是各路势力的首领都是热衷于割据称雄的大豪强，彼此并不团结，又各自惧怕董卓的凉州军团强悍实力，都只想保存自己，因此，大家各怀鬼胎，谁也不愿意当出头鸟。

有一次，各路将领在袁绍的大营开会，曹操对大家说："大家起兵，为的是讨伐董卓。现在董卓劫走天子，烧毁宫室，全国人心惶惶。这正是消灭逆贼的好时机，为什么还要犹豫不决呢？"

尽管曹操说得慷慨激昂，大家可一点也不热心。连盟主袁绍都不想动，谁还愿意先动手呢？

曹操看出他们只想保存实力，不想打董卓，心里很生气，就决定单独带着五千人马，向成皋（今河南荥阳汜水镇）进兵。所以便率兵向西，准备进驻成皋，张邈也派卫兹领兵随军。

董卓听到曹操向成皋进兵，早已派大军在汴水（在今河南荥阳西南）边布好阵势。曹操的人马刚刚到汴水，就遇到董卓部将徐荣的拦击。

徐荣兵多，曹操兵少，两下里一交战，曹操的人马就垮了下来。曹操骑着马往后撤走的时候，肩上中了一箭；他赶紧拍马逃奔，又是一支箭，射伤了曹操骑的马。那马一受惊，把曹操掀了下来。

后面徐荣的追兵呐喊声越来越近。正在危急的时候，曹操的堂弟曹洪将马给了曹操，曹操不接受，曹洪便说："天下可无洪，不可无君!"便让曹操上马，自己徒步追从，趁夜逃走。而徐荣见力战了一日，酸枣又不是易攻之地，便率领兵马回去。

曹操损兵折将，回到酸枣，再看看他的同盟军，不但按兵不动，将领们还每天喝酒作乐，根本没想讨伐董卓。他满心气愤，跑到袁绍他们摆酒宴的地方，指责他们说："你们以起义兵为名，却在这里犹豫观望，让天下百姓失望。我真替你们害臊呢。"

曹操经过这一次讨伐战斗，觉得跟这些人一起，根本成不了大事，但是自己的军队损伤太多，需要休养生息、进行补整，于是就和曹洪、夏侯惇等人前往扬州（今安徽淮水和江苏长江以南）一带招募人马，准备重整旗鼓。在扬州刺史陈温、丹阳（今安徽宣称）军长周昕的支持下，募集了四千多人，不料到龙亢（今安徽怀远西北）集合时，新兵发生暴乱，火烧了曹操的营帐，曹操持剑斩杀了叛乱的几十人。曹操从大火中逃了出来，但是依然追随自己的只剩下五百人，后来又招募到一千多士兵，加上曹洪的家兵以及汴水之战中剩下的士兵，共三千余人。曹操带着他的这支队伍继续北上，这次，他并不是在酸枣、兖州和“老上司”会合，而是直接到河内去找袁绍了。

不久后，酸枣的联军因为粮草不足和内讧而解散，兖州刺史刘岱和东郡郡长桥瑁互相仇视，两军火并，刘岱派王肱在东郡当郡长。曹操率领自己的部下到了袁绍处后，得到了元帅的热情款待，一次，二人在闲聊时，袁绍问曹操：“如果我们讨伐董卓失败了，你觉得我们以后往哪个地方发展势力呢？”

曹操没有直接回答，而是反问袁绍：“您觉得该怎么发展呢？”

“我想南靠黄河，北凭燕、代（今河北北部以及山西东北部），兼有戎狄（指乌桓）之众，向南一步步夺得天下，你觉得这样如何？”

曹操答：“我想依靠天下人的智力取胜。”

但是袁绍并没有将曹操的计谋放在心上，而是心中另有计划，这年年底，袁绍提出一个新方案——另立新帝。原来，袁绍担心自己在与董卓硬拼时战败，便找了一个借口：汉献帝年幼，又为董卓所困，不知是生是死。打着这样的借口，他同冀州牧韩馥一起谋立“宗室贤俊”的幽州牧刘虞为帝，然后让人私刻玉玺，派人送去幽州刘虞处，劝他称帝。

袁绍在与曹操商量此事时，曹操认为此举不妥，董卓的罪行人人皆知，在起兵反董卓时同盟军依靠百姓，这是因为同盟军是正义之师，汉献帝年幼，又受到董卓胁迫，有什么理由废掉他呢？如果这样，岂不是其他人也可以效仿，那就天下大乱了。

被曹操否决后，袁绍只好求助于他的堂弟袁术，谁知道袁绍的心思一下子就被袁术洞穿了，袁术怕拥立新帝对自己不利，因此竭力反对，而刘虞本人也不同意，这样，袁术想要拥立新帝的想法便破灭了。

这件事过后，冀州牧韩馥看到天下豪杰都唯袁绍马首是瞻，心存妒火，便暗中减少粮草的供应，打算让袁绍的部队因粮草不足而自行完结，此时，正遇上韩馥的部下麴义叛变，韩馥派兵镇压，反而被击败，袁绍抓住此机遇与麴义结

交，之后又联络幽州降虏校尉公孙瓒南下进攻冀州，乘机胁迫韩馥将冀州割让出来，自此袁绍割据河北，成为黄河中下游一股不可小觑的力量。

190—191年，原来一同讨伐董卓的盟军已经完全进入混战状态，他们你争我夺，自相残杀，开启了一场旷日持久的大混战，加上之前董卓的迁都之乱，百姓也遭受到了极大的痛苦。

除了参加讨伐董卓的关东诸军外，其他地方的一些地方武装集团也割据一方，各自发展势力。

到197年以前，各地区的主要武装割据势力分别是：

辽东（今辽宁一带）被公孙度占据；

幽州（今河北北部）被刘虞和公孙瓒占据；

冀州、青州和并州（今河北中南部、山东东北部和山西大部）被袁绍占据；

南阳（今河南西南部）被张绣占据；

扬州一部分（今淮河下游南部、长江下游北部）被袁术占据；

徐州（今苏北、山东东南部）被陶谦、刘备和吕布先后占据；

孙策占据江东（今长江下游以南）；

荆州大部分（今湖北、湖南）被刘表占据；

益州（今四川、贵州和云南北部）被刘璋、刘焉占据；

汉中（今陕西南部）被张鲁占据；

司隶（今陕西中东部、河南西部）被董卓、李傕、郭汜等先后占据；

凉州（今甘肃、宁夏和青海湟水流域）被马腾、韩遂占据。

这些势力为了扩大自己的人口和土地范围，互相倾轧，展开了接二连三的兼并战争，而此时占据兖州的曹操，在其中的力量无疑是弱小的，他当下要做的就是扩充自己的实力。

实力大增的曹操

战乱频繁，给人民造成的直接后果就是民不聊生，山东、河北地区本来就已发展到百万之众的青州黄巾军和河北黑山军，更是迅猛地发展起来。

191年秋，以于毒、五鹿、李大目、白绕、眭固等为首的黑山农民军，开始以迅雷之势，向冀州的中心地带邺城推进，并随时可能渡过黄河进攻兖州，而同时，青州的黄巾军渡黄河向北，两支军队的人数可达百万，一旦顺利会师，将会对整个黄河流域乃至中华大地的政治局势起到决定性的影响，此时，各地的豪强们也放下了内部矛盾，开始联合抗击农民军。

面对这种情况，袁绍产生了两种想法：一是要用围追堵截的方式来阻止两支农民军会师，但同时又想利用这一时机将自己的势力扩充到兖州，让青、兖、冀三州形成三角阵势，进而全面掌控整个黄河中下游地区。

初平三年（192年），黑山军攻打兖州。兖州太守王肱凭城力战，却难以抵挡，弃城而逃。黑山军人多势众，攻势凌厉，对冀州形成了威胁。曹操意识到机会来了，向袁绍提出亲自带兵平叛，以此扫除威胁冀州的隐患。而袁绍刚坐上冀州牧的位子，一来害怕黑山军和黄巾军袭扰冀州，二来想借势在邻居家按上一个钉子。两人各怀目的，一拍即合，曹操顺理成章地可以在黄河南岸大展拳脚了。

曹操率领曹仁、曹洪、夏侯惇、夏侯渊等人，进驻兖州东郡。很快，黑山军白绕部攻占郡治濮阳，曹操利用地形，适时出击，将其击败，夺回濮阳。袁绍闻讯大喜，直接任命曹操为东郡太守。曹操虽取得首胜，但他在兵力和局势上均处于弱势，将面临黑山军和黄巾军的双重考验。

初平三年（192年）春季，曹操屯军顿丘（今河北清丰），黑山军首领于毒乘机进攻东武阳，曹操收到情报后，并不是派兵援助东武阳，而是率军直指黑山军的基地西山，对于曹操的这一决定，将领们都感到诧异，曹操说："于毒知道我攻击他的老巢，一定会赶来救援，那东武阳的包围自然解除，如果他不回来支援，那我们就继续攻占他的基地，于毒就更不能动摇东武阳了。"于毒收到情报后，果然往回撤退，而在撤退的途中遭到曹操大军的狙击，于毒大

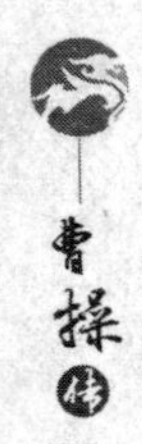

败，曹操更进一步，抵达内黄（今河南内黄），再大破黑山军眭固部众以及南匈奴流亡单于栾提于扶罗一部，东郡才得以保留。

曹操在东郡的几次战役中崭露头角，让很多谋士看到了他的才能，一时间，不少谋士投到他的麾下，其中就有荀彧、李典、典韦。

荀彧（163—212年），字文若，颍川颍阴（今河南许昌）人。东汉末年政治家、战略家。

荀彧出身颍川荀氏，荀子之后。其祖父荀淑知名当世，号为神君。荀淑有八子，号称八龙。荀彧的父亲荀绲曾任济南相，叔父荀爽曾任司空。荀绲忌惮宦官，于是让荀彧娶中常侍唐衡的女儿为妻。因为荀彧年少时有才名，才得以免于别人的讥议。后来南阳名士何颙见到荀彧，大为惊异，说道："这是王佐之才啊！"

永汉元年（189年），被举孝廉，任守宫令（掌管皇帝的笔、墨、纸张等物品）。九月，董卓废少帝刘辩，立献帝刘协。十一月，董卓自为相国，赞拜不名，入朝不趋，剑履上殿。

荀彧弃官归乡，对父老说："颍川是四战之地，如果天下有变，那就会经常受到侵略，应该早离去，不能久留。"

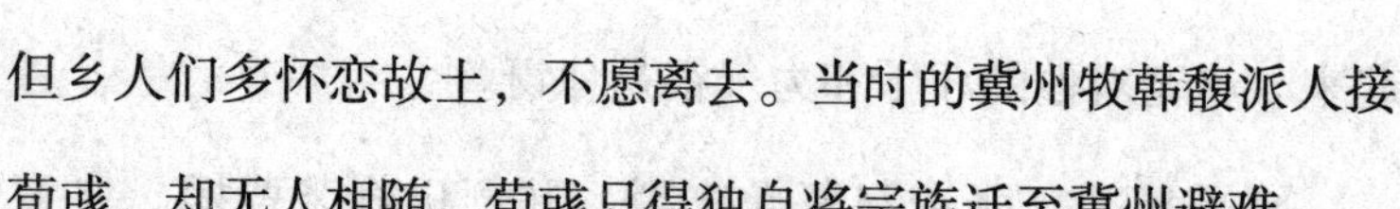

但乡人们多怀恋故土，不愿离去。当时的冀州牧韩馥派人接荀彧，却无人相随。荀彧只得独自将宗族迁至冀州避难。

到冀州后，冀州已为袁绍所得，袁绍见荀彧来，待之为上宾。荀彧弟荀谌和同郡辛评、郭图都在袁绍手下。荀彧却认为袁绍最终不能成大事。

初平二年（191年），荀彧离开袁绍投奔曹操。曹操见荀彧来投，大悦，说：“这是我的子房啊！”于是任荀彧为别部司马，荀彧时年二十九岁。

曹操慧眼识英才，在以后曹操的统一大业中，荀彧是不可或缺的谋臣和功臣。

李典，字曼成。山阳郡钜野县（今山东巨野）人。

李典自幼好学，不乐兵事，起初治民，后来从军。曹操为东郡太后后，李典跟随其父李乾投到曹操麾下，后成为曹操手下一员大将。

典韦，陈留己吾（今河南商丘市宁陵县己吾城村）人。

典韦相貌魁梧，膂力过人。本属张邈，曾单手举起牙门旗。

初平年间，凉州董卓祸乱朝野，陈留太守张邈与曹操举义组成反董联盟军，征典韦为军士，隶属于司马赵宠。军队的牙门旗又长又大，没人能举得动，典韦一只手就把它举了

起来。赵宠对他的才干和力气很是惊讶。

兴平年间，张邈与曹操决裂，并伺机偷袭曹操。典韦转投曹操，隶属于夏侯惇，随夏侯惇四处征战，数次杀敌有功，被拜为司马。

典韦武艺卓越，被史学家潘眉评价为：雄武壮烈，不在张辽、许褚之下。

在中平五年（188年），青州、徐州又出现了大规模的黄巾起义军；在初平二年（191年），青州黄巾北上与公孙瓒相遇，结果被击溃；在初平三年（192年），青州黄巾向西进入兖州。青州黄巾军如此频繁活动的根本在于与冀州、并州之间活动的黑山军汇合。黑山军号称“百万”，青州黄巾也号称“百万”，也许这两个数字有夸张之嫌，但足以说明两股势力不容小觑。

此时袁绍已经雄踞冀州，袁绍明白，如果青州黄巾真的与黑山军汇合，那么对自己来说应该是一个不小的威胁。为了缓和这种威胁，其将渤海郡交给公孙瓒，这一举动看似懦弱，其实是让公孙瓒帮助自己抵挡黄巾军向黑山军所在的太行山脉行进的趋势，结果公孙瓒真的与青州黄巾撞在一起，客观上帮助了袁绍。

袁绍和公孙瓒相持的时候，刘岱曾经在二者之间犹豫不

决，最后听从程昱的建议选择了袁绍。换言之，袁绍和刘岱是同盟的关系。青州黄巾进入兖州，兖州刺史刘岱不听济北相鲍信的建议，贸然出兵讨伐黄巾军，结果兵败战死。兖州无主，秩序混乱。兖州城随时可能被黄巾军攻破而生灵涂炭。

刘岱贸然出兵的原因，可能有轻敌的主观心态，也可能是为了阻止青州黄巾进入冀州，与黑山军汇合对抗袁绍，使袁绍陷入腹背受敌的局面。

可惜刘岱没能够阻止青州黄巾，自己也死于乱兵之中，东郡太守曹操（王肱对黑山军不利，曹操取代了他的位置）进入兖州，消灭了青州黄巾，并以此为基业逐渐成为北方的霸主。在曹操战胜黄巾军的过程中，谋士陈宫起到了不小的作用。

陈宫，字公台，是吕布帐下首席谋士。足智多谋，为人性格刚直烈壮，年少之时和海内名士多有交往。天下大乱之时，陈宫投靠曹操，成为其心腹。

袁绍当时正与公孙瓒争斗，为了稳固后方，派遣曹操进入兖州东郡地区，对付黑山军和黄巾军。结果曹操表现出极强的军事才能，主动出击黑山军和黄巾军，连战连捷，一举击溃盘踞东郡的黑山军和黄巾军，使得常年受黑山军和黄巾

军袭扰的东郡得以安宁。

唯有曹操能够打败黄巾军，保护兖州百姓。怀着这个想法，陈宫主动找到曹操说："刺史刘岱战死，兖州现在没有主持军政大事的人了。我们和朝廷的联系又断绝了，我请求替你出马说服兖州的官吏，迎请主公做兖州牧。利用兖州的人力物力作为资本进而图谋天下，这是成就霸王问鼎中原的伟业啊！"

之后，陈宫真的游说兖州的别驾、治中说："现在天下分裂、群雄割据，而我们兖州现在没有能够主持大事的人。东郡太守曹操，是治理国家的人才，如果迎他作为兖州牧，一定可以让兖州百姓安宁。"鲍信等人对陈宫的建议表示赞同。

于是曹操成为兖州牧，有了自己的根据地。从此把陈宫视为心腹。曹操能够执掌兖州，是陈宫的谋划。这个时候的陈宫，对曹操是很佩服的，所以尽心尽力地辅佐曹操。

兖州东接青州、徐州，西连豫州，北通冀州、幽州，南下江淮，属下有陈留、东郡、东平、任城、泰山、济北、山阳、济阴八个郡，辖区包括今山东西南部、河南东部的广大地区。

曹操不仅得到了兖州这块地盘和军队，更得到了有名的

谋士程昱。

程昱是曹操麾下最为出色的五大谋士之一，程昱是兖州东郡人，刘岱任兖州刺史时曾征召程昱被程昱婉拒，等到刘岱死后曹操入主兖州再次征辟程昱时，程昱却一口答应，程昱将行之时，他的乡人十分疑惑，说他："怎么你前后的行为如此相背？"程昱却只笑而不应。程昱初至之时，曹操便跟他谈论大事，十分高兴，以程昱为寿张令。

曹操占据兖州，是他势力发展的重要一步，从此，他以兖州为大后方根据地，相机而动，而当下最重要的事就是对付青州的黄巾军。

对于青州的黄巾军，曹操是十分重视的，因为这关系到他能否在兖州站稳脚跟，在与鲍信商谈此事时，他分析，黄巾军虽然号称百万大军，但其中老少妇孺占大多数，真正擅长杀敌的不到十万，而且这些士兵缺乏组织性和纪律性，作战能力不强，虽然已方军队人数少，但经过系统性的军事训练，个个精兵强将，因此，曹操对这一战很有信心。

四月时，曹操和鲍信率军东下迎击，在寿张附近就与黄巾军碰面，两军对垒，黄巾军的表现完全出乎曹操的预料，这些黄巾军战斗能力很强，几个回合后，曹军伤亡不少，曹操认为不能硬拼，所以下令收兵、再做打算。

经过仔细分析和考虑，曹操决定采取突然袭击的方式。寿张城处于济水和汶水附近，有个很开阔的平原，黄巾军就在无盐与寿张之间的平原上安营扎寨。对于黄巾军的分析，曹操也只是大致判断，要了解他们的具体情况，还是应该亲自去敌军阵地上观察，于是，他决定与鲍信以及一部分骑兵深入敌军内部，可以说，这是一种极为危险的行动。

当他们行至汶水时被敌军发现了，黄巾军随即赶来，曹操和鲍信只好匆忙应战，但敌众我寡，作战不利，情势危急下，鲍信安排一众骑兵护卫曹操离开，而自己则带剩下的骑兵浴血奋战，曹操顺利逃出，而鲍信却战死沙场，时年四十一岁，鲍信是曹操的至交好友，鲍信的死让曹操十分痛心。

曹操认为黄巾军得胜后骄傲轻敌，一定会放松戒备，于是，他亲自领兵进击，发挥骑兵的优势与敌人展开一战，这是黄巾军遇到的最为激烈的战斗，他们逐渐失去战斗能力，曹军趁势用骑兵突袭，黄巾军大败。

这场战役以后，双方实力发生变化，也都在考虑以后的策略。对于曹操来说，老百姓都是“官逼民反”、没了活路才铤而走险的，他不能对这些老百姓赶尽杀绝，并且，百姓

是杀不完的，即便是一时用武力将他们驱赶走，百姓在无法生存时还是会卷土重来，于是曹操决定采用两种手段结合的方法，一方面用武力继续镇压，另一方面用安抚的方式。从黄巾军方面来说，他们常年饱受战斗之苦，且当下实力也无法和曹军正面战斗。在这些黄巾军中，有些是青州济南人，他们对曹操在济南的为人处世有些了解，在他们看来，曹操并非那些胡作非为的贪官污吏，曹操能打击地主豪强、能体恤百姓疾苦，并不是百姓的敌人，因此，他们也劝曹操能收兵，随后，曹操向黄巾军发出了劝降书，但黄巾军没有接受，曹操便发动进攻，对其施加压力。

这年寒冬十二月，黄巾军才抵达济北，天气寒冷，军队补给供应不上，此时，曹操再次督促黄巾军投降。谈判后，黄巾军数十万人降曹，曹操决定既往不咎，并对这一支军队进行改编。《三国志·魏书·武帝纪》中有："青州黄巾众百万入兖州……信乃与州吏万潜等至东郡迎太祖领兖州牧……追黄巾至济北。乞降。冬，受降卒三十余万，男女百余万口，收其精锐者，号为青州兵。"

曹操从黄巾军中挑出三十多万精壮之士将其改编为军队并称为"青州兵"。对于原黄巾军之中的那些老弱病残缺乏作战能力的，曹操将他们安排在乡间从事生产。

从此，曹操不仅有了兖州这一根据地，还掌握了一支庞大的军队，他从镇压黄巾军起义中扩大了自己的军事和政治实力，这为他以后统一北方奠定了坚实的基础。

第二章 割据称雄，平定中原

徐州大屠杀

在打败黄巾军、对其进行改编后，曹操在兖州的地位还要继续巩固，但是朝廷突然接到兖州刺史刘岱阵亡的消息，于是，立即派金尚为兖州刺史，令其赶往兖州，曹操得知消息后，立即先派兵在兖州边界迎击，金尚闻后大骇，只好投奔南阳的袁术去了。

袁术（?—199年），字公路，汝南郡汝阳县（今河南省商水县）人。东汉末年军阀，司空袁逢嫡次子，冀州牧袁绍异母弟。

袁术一直认为袁姓出自陈，陈是舜之后，以土承火，得应运之次。又以为谶文“代汉者，当涂高也”说的就是自己，故袁术获得玉玺后，常有称帝的野心和意图。而袁术觉得自己是袁家的嫡子，袁绍是庶出，袁绍应该听命于自己，但实际上，袁绍反而被大家推举出来当东周郡的盟主，无论是军事实力还是声望方面都超过了自己，天下门生也都依附

于他，袁术逐渐对袁绍产生妒嫉。

袁绍想立汉宗室刘虞为帝，派人通知袁术，希望得到袁术支持。但是袁术观汉室衰微，早已心怀异志，不愿意拥立成年的汉朝皇帝，于是托辞公义不赞同袁绍的提议，兄弟两人因此积怨翻脸。袁术转而与公孙瓒以及陶谦结盟，与袁绍相互争霸。但是群雄大多依附袁绍，袁术大怒说："这些竖子不跟随我，反而跟随我家的奴仆吗？"还写信给公孙瓒说袁绍不是袁氏子孙。

初平三年（192年）冬天，此时已经是曹操大败青州黄巾军后的两年，袁术集结了公孙瓒，开始向曹操和袁绍进攻，这年年底，龙凑（今山东平原）一战，袁绍击溃了公孙瓒的主力，第二年正月，袁术进军陈留，与曹操打得如火如荼，此时，荆州牧刘表从襄阳进逼袁术的根据地南阳，将袁术的粮道切断，此战袁术不战而退，向襄邑（今河南睢县东）、宁陵（今河南宁陵）一带退去，曹操乘胜追击，袁术一直退，退到寿春，寿春为扬州牧政府所在地，袁术便自任扬州州长，但是他现在可谓是"四面楚歌"，西受荆州刘表的威胁，东面无法在徐州获得发展，于是，他想利用江东籍的将领孙策来经略大江以南，作为根据地，这就引起了以后孙策的渡江南下，不久挥师江南，反而给东面的东吴政权做

了嫁衣，从此，袁术一蹶不振。

初平四年（193年）春天，曹操刚击退了袁术，就在同年秋天发动了对徐州的攻势，那么，曹操为什么要攻打徐州呢？理由是：为父报仇。

据《后汉书·刘虞公孙瓒陶谦列传》记载："初，曹操父嵩避难琅邪，时谦别将守阴平，士卒利嵩财宝，遂袭杀之。初平四年，曹操击谦，破彭城傅阳。谦退保郯，操攻之不能克，乃还。过拔取虑、睢陵、夏丘，皆屠之。凡杀男女数十万人，鸡犬无余，泗水为之不流，自是五县城保，无复行迹。"

汉兴平元年（194年）春天，曹操的父亲曹嵩、弟弟曹德及家属避难琅邪（今山东临沂市一带）。陶谦的别将守阴平（今山东枣庄一带），他们看到曹家一行有很多财宝，就企图进行抢劫。曹嵩一行便逃往泰山华县，曹操命令泰山太守应劭，把曹嵩一家护送去兖州，但应劭的兵未到。陶谦秘密派遣数千兵马进行追捕。曹嵩家人以为是应劭的救兵来迎接的，就没有防备。陶谦的兵到了，就先把曹操的弟弟曹德杀死于门里，曹操父亲曹嵩十分恐惧，就想从后墙翻出去，他让其妾先出去，但妾肥胖，出不去，曹嵩便与妾逃于厕所躲避，结果都被害，其余家眷也未幸免。应劭害怕曹操问

罪，便投奔了军阀袁绍。杀害曹嵩一家的主凶名叫张闿。

曹操听后大怒，时刻不忘东征徐州，报陶谦等人的杀父之仇。

根据后汉书记载，曹操攻打陶谦，攻下了彭城（今江苏徐州市辖区），陶谦退守郯城（今山东郯城县），曹操也再攻打郯城（今山东郯城县），暂时攻不下，然后，曹操一连攻下了取虑（今安徽灵璧县）、睢陵（今江苏徐州睢宁县南部）、夏丘（今安徽泗县）。开始了大规模屠杀。这就是徐州大屠杀。

从后汉书可以看到，在攻下了徐州后，曹操在徐州大肆屠杀平民百姓，杀了徐州百姓共计数十万人，甚至连鸡犬也不剩下，而徐州的泗水因为尸体堆积的太多，都流不动了。从此徐州几乎是鲜有人迹。可以说，曹操屠杀徐州十分彻底，徐州百姓几乎悉数遭到屠戮。

曹操为报家仇可以理解，乘机攻城略地可以理解，追究凶手张闿的责任可以理解，甚至无论陶谦知情还是不知情追究他的连带责任也可以理解，但无论如何，责任是追究不到手无寸铁的徐州百姓头上的，不分男女老幼几乎全部杀光，这实在是罪大恶极。

曹操在徐州大肆屠城后，陶谦急了，生怕坚持下去连

郯城也难保，便开始向青州刺史田楷求助，田楷也是心惊胆战，便去联系刘备。

刘备，字玄德，东汉末年幽州涿郡涿县（今河北省保定市涿州市）人，刘备是汉景帝之子中山靖王刘胜的后裔，《典略》则称刘备是临邑侯枝属。

刘备的祖父刘雄被举为孝廉，官至东郡范令。刘备的父亲刘弘早亡，少年刘备与母亲以织席贩履为业，生活非常艰苦。刘备家屋舍东南角篱上有一桑树高有五丈余，从远处看上去就好像车盖一样，来往的人都觉得这棵树长得不像凡间之物，认为此家必出贵人。刘备小时候与同宗小孩在树下玩乐，指着桑树说："我将来一定会乘坐这样的羽葆盖车。"刘备叔父刘子敬说："你不要乱说话，让我们一家遭灭门之罪。"

熹平四年（175年），刘备十五岁，母亲让他外出行学，刘备与同宗刘德然、辽西公孙瓒一起拜原九江太守同郡卢植为师学习。

刘德然的父亲刘元起经常资助刘备，将他和刘德然同等对待，但遭到刘元起妻子的不满，刘元起说："我们宗中有这样一个孩子，不是个平常人。"公孙瓒与刘备结交为好友，公孙瓒比刘备年长，刘备将公孙瓒视作兄长。刘备后来投靠公孙瓒，也是因为同窗之谊。刘备不怎么爱读书，喜欢

狗马、音乐、美衣服。身长七尺五寸，两手下垂等到膝盖，能看见自己的耳朵。不爱说话，能善待下人，喜怒不形于色，喜欢结交豪杰，当地豪侠都争着依附刘备。中山大商张世平、苏双等携千金，贩马来到涿郡，见到刘备，于是给其资助，刘备得以用来集结到很多人。

中平元年（184年），黄巾起义爆发，二十三岁的刘备因镇压起义军有功被封为安喜县县尉，后来，朝廷有令：如因军功而成为官吏的人，都要被精选淘汰，该郡督邮要遣散刘备，刘备知道消息后，到督邮入住的驿站求见，督邮称疾不肯见刘备，刘备怀恨在心，将督邮捆绑起来鞭打两百下后，与关羽、张飞弃官逃亡。后来，大将军何进派毌丘毅到丹杨募兵，刘备也在途中加入，到下邳时与盗贼力战立功，任为下密县丞，不久又辞官。后来又任高唐尉、高唐令等职。不久高唐县被盗贼攻破，刘备于是往奔公孙瓒，被表为别部司马。

初平二年（191年），刘备与青州刺史田楷一起对抗冀州牧袁绍，刘备因为累次建立功勋升而代理平原县县令，后领平原相。刘备外御贼寇，在内则乐善好施，即使不是身为士人的普通百姓，都可与他同席而坐，同簋而食，不会有所拣择。刘备当平原相时深得人心，郡民刘平不服从刘备的

治理，唆使刺客前去暗杀。刘备毫不知情，还对刺客十分礼遇，刺客深受感动，不忍心杀害刘备，便坦露实情离去。

兴平元年，曹操以为父报仇为名再度攻打徐州时，徐州牧陶谦不能抵挡，田楷与刘备一起前往救援，刘备自有兵千余人及幽州乌丸杂胡骑，又略得饥民数千人，到徐州后，陶谦又给刘备增丹杨兵四千，刘备于是又归属陶谦。而此时张邈、陈宫叛迎吕布，攻打曹操，曹操根据地失陷，于是回兵兖州。陶谦表刘备为豫州刺史，叫他驻军在小沛。

挟天子以令诸侯

刘协从登基即位的那一天起，就是有皇帝之名而无皇帝之实。但他毕竟是国家最高权力的象征，谁掌握了他，谁就能以皇帝的名义向其他地方割据政权发号施令。这个道理虽然简单，真正明白的人却不多，袁绍就不懂。

建安元年（196年），袁绍谋臣沮授曾劝说他，如果能“西迎大驾，挟天子而令诸侯”，就会收到没有谁“能御之”的功效。袁绍偏不听，觉得献帝是个废物，把他弄来还得养着，怪麻烦的。可见袁绍根本不是个政治家，虽然空有雄兵猛将，却不懂军事不过是政治的工具，最后难免失败。

同样的提议有人说给曹操听，曹操就早有此识。初平二年（191年），曹操做东郡太守不久，皇室刘邈在献帝面前称赞曹操忠诚，曹操为此十分感激。初平三年（192年），治中从事毛玠向他建议“奉天子以令不臣”，他觉得是说到

了点子上。

献帝东迁后，曹操觉得机会来了，当时宫中食用困乏，曹操便经常向献帝进献食品和器物。献帝还在洛阳时，曹操就曾向他进献过缝帐两顶，丝线十斤，山阳郡所产的甜梨两箱，稗枣两箱。献帝到都许后，曹操更是经常进献，其中有桓帝时赐给他祖父曹腾的家藏器物，也有属下陆续搜寻到的一些宫中流失的器物。

迎接汉献帝来许昌，是曹操的另一个杰作。他最初提起此议时，只有荀彧赞同，并极力说明迎献帝的迫切性和对今后斗争的有利性，“奉主上以从民望，大顺也；秉至公以服雄杰，大略也；扶弘义以致英俊，大德也”。但最初的迎接由于董承等人的阻拦并未如愿。

后来董承为抵抗韩暹的势力暗召曹操到京都洛阳。董昭又提醒他只有把献帝迎到他的地盘许昌，方可成就大业，万事无虞。这样，曹操借口京都无粮，要送献帝到鲁阳就食，把献帝安全转抵许昌。

建安元年（196年），在谋士规劝、将士努力之下，风尘仆仆的汉献帝被曹操成功迎回许都（即许县）。当年九月份，曹操做大将军，封为武平侯。在经历多年颠沛流离之后，汉献帝终于可以暂时性的小憩一下。曹操在获得声名与

官职的同时，也引来了无数非议与谴责。

曹操对献帝的物质保障和适度尊重，果然得到了他所期待的巨大回报。献帝授给曹操节钺，录尚书事，任司隶校尉，迁都许昌后，又任命他为大将军，实际获取了高出于所有文臣武将的地位，又封荀彧为侍中、守尚书令，在他身边伺候，并职掌文书、调度；又封董职为列侯，毛玠、任峻为典农中郎将，负责都督钱粮，程昱为东平相，董昭为洛阳令，夏侯惇、夏侯渊、曹洪、曹仁皆为将军，乐进、李典、吕虔、于禁、徐晃皆为校尉，徐褚、典韦为都尉，其余将士都有封赏。

汉献帝刘协在许都虽然衣食无忧，却也无所事事。虽然贵为天子，曹操也还算尊重自己，但他却时时感觉到一种无形的压力，这种压力来自曹操不断地诛除公卿大臣，不断地集军政大权于一身。

此时，曹操为了网罗一流人才，开始多次催促荀彧推举贤才，荀彧向他推荐了同郡人戏志才，此人很有才干，也深受曹操重用，无奈，此人英年早逝。

后来，曹操又给荀彧写信："自志才亡后，莫可与计事者。汝、颍固多奇士，谁可以继之？"《三国志·魏书·荀彧传》记载："彧言策谋士，进戏志才。志才卒，又进郭

嘉。”荀彧向曹操推荐了颍川人郭嘉。

郭嘉（170—207年），字奉孝，东汉末颍川阳翟（今河南禹州）人。

郭嘉出生于颍川，少年时已有远见，见汉末天下将会大乱，于弱冠（二十岁）后便隐居，秘密结交英杰，不与世俗交往，所以没有太多人知道他。

二十一岁时，郭嘉北行去见袁绍，对袁绍的谋臣辛评、郭图说：“明智的人能审慎周到地衡量他的主人，所以凡有举措都很周全，从而可以立功扬名。袁公只想要仿效周公的礼贤下士，却不很知道使用人才的道理。思虑多端而缺乏要领，喜欢谋划而没有决断，想和他共同拯救国家危难，建称王称霸的大业，实在很难啊！”于是从此离开了袁绍。就这样，郭嘉一直赋闲了六年。

直至建安元年，荀彧将好友郭嘉推荐给了曹操。曹操召见郭嘉，共论天下大事，讨论完后，曹操说：“能帮助我成就大业的人，就是他了！”郭嘉离开营帐后，也大喜过望地说：“这才是我真正的主人啊！”

从此，郭嘉便当上了曹操参谋军事之官——军师祭酒，为曹操的四方征战出谋献策，忠心效力。

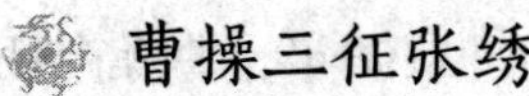

曹操三征张绣

曹操挟天子迁都许县以后，他的主要对手是北边冀州的袁绍，东南边的袁术，东边的吕布以及南边的张绣、刘表和西北方的马腾、韩遂，其中力量最强的是袁绍，韩遂尚未对自己构成威胁，曹操对于远处实力较强的袁绍，先采取“和”的方针，他要讨伐的第一个目标就是张绣。

在许县屯田的第二年，曹操发现军粮问题已经有眉目了，便开始着手讨伐张绣之事。

张绣，武威祖厉（今甘肃靖远）人。张绣是骠骑将军张济的侄子。边章、韩遂在凉州作乱之时，金城的麹胜袭杀祖厉长刘隽。张绣当时为县吏，不久就寻找机会刺杀了麹胜，本郡的人都认为他很讲义气，于是张绣招合少年，成为本地豪杰。

192年，董卓被杀，张济与李傕、郭汜等人进攻长安，为董卓报仇。张绣跟随张济，以军功升至建忠将军，封宣威

侯。196年，张济自关中引兵入荆州界，攻穰城，中流矢而死。张绣接管了他的部队，屯住在宛城，与刘表联盟。

197年，曹操南征，部队到达淯水，张绣率众投降。曹操娶了张济的遗孀，张绣因此怀恨曹操。曹操听说张绣不高兴，就秘密准备杀掉张绣。结果计划泄漏，张绣偷袭曹操，曹操战败，长子曹昂、侄子曹安民被杀，猛将典韦战死。张绣引兵追击，被曹操击退，于是张绣退回防守穰城，再次与刘表联盟。（《傅子》说：曹操给张绣宠爱亲近的胡车儿发密报，张绣听说了以后怀疑曹操想用胡车儿刺杀他，遂反叛。）

汜水兵败后，同年冬天，曹操再度攻张绣，击败了张绣和刘表的联军，收复了一些失地，而到了198年三月，曹操第三次进军并围攻张绣的根据地穰县（今河南邓县）。

这一战一打就是两个月，并且始终没有攻下来，此时，曹操得知袁绍发兵许县了，曹操立即放弃继续攻打穰城，班师回朝。张绣率军追击，同时，刘表的军队也开始夹击曹操，在这千钧一发的时刻，曹操却十分淡然地给荀彧写了一封信，信的内容是："我到安众（今河南镇平）一定破敌。"到达安众之后，曹操遭到两面敌人的夹击，已经是腹背受敌，曹操赶紧命人在夜间悄悄凿了地道，将军械粮草都运送了过去，并埋伏了士兵，到第二天一大早，张绣、刘表发现人好像人间蒸发了，以为曹操逃跑了，便让全军将士追击，谁知曹操此时突然反扑，埋伏的士兵突然冲了出来，打了张绣和刘表一个措手不及。

袁绍带兵回到许都后，荀彧过来问曹操为何能在如此为难的情况下破敌，曹操说："敌人阻挡我退军，将我逼到绝境，我就有绝处逢生的方法。"

曹操在打听到袁绍并没有采取田丰袭击许都的建议后，才稍稍放下心来。

不久，南边局势稳定，荀彧对曹操提出建议，可以东征吕布了，曹操遂采纳建议，平定了徐州，并大败了袁术。

建安四年（199年）七月，袁绍与曹操在官渡一线对峙后，企图拉拢张绣一起攻打许都，还写了信表示友好，张绣认为袁绍势力强大，可以依靠，但贾诩却打发了前来的使者，并说："你回去告诉袁本初，他连自己的兄弟都容不下，更何况天下英雄豪杰呢？"

贾诩所说的兄弟，其实指的是袁绍和袁术这哥俩。两人虽为兄弟，但却因为政治立场的不同而分道扬镳、兵戎相见，袁术集团的衰落与袁绍这个哥哥有着直接的关联。就在不久之前的六月份，袁术在寿春郁郁而终。贾诩的这番言

论，不但挫败了袁绍与张绣结盟的企图，而且出言羞辱袁绍，更是将双方的关系变得水火不容。

看到贾诩的表态，张绣不禁大惊失色，他完全没有想到贾诩竟然会如此果断地拒绝了袁绍的好意。事后他忧心忡忡地问贾诩：“怎么事情会变成这样？先生拒绝了袁绍，那下一步我们又该如何呢？”贾诩的回答又让张绣感到非常意外。贾诩认为按照目前的局势应该去依附曹操。张绣不解地问道：“袁绍强大而曹操弱小，而且我们与曹操进行了数年的征战，双方势如水火，曹操怎么可能接纳我们呢？

贾诩认为投降曹操有三点优势：曹操挟天子令诸侯，名正言顺；曹操兵力较弱，更愿意拉拢盟友；曹操志向远大，一定能够不计前嫌。张绣听从贾诩的建议，率众归顺曹操。曹操闻讯后大喜，亲自接见贾诩，执其手说：“使我的信誉扬于天下的人，是你啊！”曹操拜贾诩为执金吾，封都亭侯，迁冀州牧。由于当时冀州为袁绍所占，贾诩便留参司空军事，同时拜张绣为扬武将军，并让其子曹均娶张绣之女为妻。

这样，贾诩便同荀攸、郭嘉等谋士一起，成为曹操智囊团中的重要一员，为曹操出谋划策，成为曹操统一北方过程中不可或缺的人才。

一心称帝的袁术

袁术出身于东汉四世三公名门之家，家族为四世三公的汝南袁氏，是司空袁逢之嫡次子。传说他出生的时候，神仙托梦给他母亲，说她怀中的孩子有一段天命在身。由于袁术的庶兄袁绍是过继给了其伯父袁成的养子，因此史书普称袁术为袁绍的堂弟，其实两人是同父异母的亲兄弟。但是袁绍母亲仅是个婢女，袁绍早年在家中的地位颇见低微。

袁绍年轻时以有侠气出名，经常与公子哥们田猎游玩，后来有很大改变。

他被举荐为孝廉，经多次调任做到河南尹、虎贲中郎将。

汉灵帝驾崩后，大将军何进掌握朝政大权，袁术与袁绍得到了何进的拉拢。

中平六年（189年），十常侍杀害何进，袁术与吴匡合力进攻皇宫，宦官们手持武器负隅顽抗，袁术火烧南宫九龙门及东西宫，胁迫十常侍放弃皇宫出逃。

董卓入洛阳后，欲废汉少帝刘辩，改立陈留王刘协为汉献帝，为拉拢袁术，乃表袁术为后将军，袁术不肯依附，惧祸逃往南阳。长沙太守孙坚杀死南阳太守张咨，引兵从袁术，袁术得以盘据南阳。南阳户口百万，但是袁术不修法度，以抄掠为资，奢姿无厌，百姓们都不喜欢他。袁术和孙坚联手，表奏孙坚为破虏将军，领豫州刺史。孙坚领军出征，袁术在后方提供粮草补给。

初平三年，袁术派孙坚攻打位于襄阳的刘表，孙坚因此战死。初平四年，袁术引军陈留，被曹操和袁绍联军打败，逃至九江。

兴平元年（194年），袁术攻徐州，与刘备相持于盱眙、淮阴，双方互有胜败。后吕布趁机夺取徐州，袁术于是打败了刘备，占领了徐州广陵等地。以吴景为广陵太守。兴平二年（195年）正月，曹操军临武平，袁术所置陈相袁嗣降。

兴平二年（195年）冬天，董卓余部李傕和郭汜在弘农郡的曹阳涧一带追击汉献帝及公卿百官，保护汉献帝和文武百官的杨奉被凉州军打败，献帝只身逃到黄河北边去了。袁术以为时机已到，召集部属们开会说："如今刘氏天下已经衰微，海内鼎沸，我们袁家四代都是朝中重臣，百姓们都

愿归附于我。我想秉承天意，顺应民心，现在就登基称帝，不知诸君意下如何？”众人听了，谁也不敢再说什么，只有主簿阎象发言道：“当年周人自其始祖后稷直到文王，积德累功，三分天下可说有他们的两分，可他们还是小心翼翼地做殷商王朝的臣子。明公您虽然累世高官厚禄，但恐怕还比不上姬氏家族那样昌盛；眼下汉室虽然衰微，似乎也不能与残暴无道的殷纣王相提并论吧！”袁术听了阎象这番话不吭声，心里却是非常恼怒。

过了不久，河内人张鲅为他卜卦，说他有做皇帝的命，他以此为理由，于建安二年（197年）在寿春称帝，建号仲氏。袁术称帝后，任命九江太守为淮南尹，广置公卿朝臣，还在城南城北筑起皇帝祭祀天帝所用的祭坛。生活上他奢侈荒淫，挥霍无度。后宫妻妾有数百人，皆穿罗绮丽装，精美的食品应有尽有，而他军中的士兵却处于饥寒交迫的状态。在他的腐败统治下，江淮一带民不聊生，许多地方断绝人烟，饥荒之中甚至出现人吃人的现象。

同时袁术称帝的行为，被天下诸侯所不齿，袁术成为了众矢之的，不久就接连遭到孙策、吕布、曹操三方的叛盟与打击。首先，孙策在江东脱离袁术而自立，逐走袁术任命的丹杨太守袁胤，并连带使得袁术的广陵太守吴景、将军孙贲在收到孙策的书信后，弃袁术投孙策（两人皆是孙策亲戚），使得袁术丧失广陵、江东等大片土地，势力为之一挫；其次，吕布大败袁术军，在淮北大肆抄掠；最后，袁术率领部队进攻陈国，诱杀了陈王刘宠和陈国相骆俊。曹操亲自征讨袁术，在蕲阳擒斩袁术大将桥蕤、李丰、梁纲、乐就，袁术再度奔逃到淮南。

袁术认为要对付曹操，就要联手吕布，其实，在自己称帝之前，他就有这一想法，他还表示要娶吕布的女儿为儿媳妇，吕布原本快答应了，但是曹操给吕布写了封信，表示愿意和他一起对付别人，还以献帝的名义发了一道诏书，称赞他在诛杀董卓的过程中立下的功劳，希望他能和自己一起辅佐朝廷，吕布开始犹豫起来。

袁术称帝后，想进一步拉拢吕布，以使徐州、扬州联合抗曹，便派韩胤出使徐州，将自己的想法告诉吕布，并提出让自己的儿子迎娶吕布的女儿，吕布思虑后准备答应袁术，还派兵送女儿去袁术家。此时，在吕布手下，他的沛相陈珪更仰慕曹操的智谋，在听说这些事后，赶紧对吕布说：“曹公奉迎天子，辅佐朝政，征讨八方，威震四海，而将军您应与他合作，以取得天下安宁。如果您与袁术成了亲家，将会担上不义之人的罪名，那样形势就对您不利了。”吕布心

里也怨恨当初袁术不接纳自己，虽说女儿此时已经随韩胤走了，他还是把她追了回来，拒绝了这门亲事，并将使者韩胤戴上枷锁、镣铐，送往许都街市上斩首示众。

陈珪想派儿子陈登到曹操那里，说明吕布愿意与曹操合作，吕布不同意。正巧太祖的使者这时来到，传天子令，任命吕布为左将军。吕布大喜，于是让陈登启程，还命他带着书信，向天子谢恩。陈登拜谒曹操，述说了吕布有勇无谋、反复无常的缺点，希望太祖早日除掉他。太祖说："吕布是个具有狼子野心的人，实在不能让他久留世上，你当然是最熟悉内情的。"当即把陈珪的年俸禄提到二千石，任命陈登为广陵太守。临别时，曹操拉着陈登的手说："东边的事，便全托付给你了。"命令陈登私下分化吕布的队伍，为自己做内应。

开始时，吕布想通过陈登求得徐州刺史之职，陈登回来，吕布见自己的愿望没能实现，大怒，拔出戟来砍着桌子说："你父亲劝我与曹公合作，我才拒绝了袁术的婚约；而现在我一无所获，你们父子反倒地位显赫，重权在握，我被你们出卖了！你倒说说看，你在曹公面前替我说了些什么？"陈登面不改色，从容地答道："我见曹公时说：'对待将军您，要像对待猛虎，应当让他吃饱，如果不饱，他会

吃人的。’曹公说：‘并不像你说的那样，而更像养鹰，饿时可以利用，而当他吃饱了，却会自顾飞去。’我们就是这样谈论您的。”吕布的气才平定下来。

袁术听说吕布回绝了婚事还杀了自己的使者，便与韩暹、杨奉等联合，派大将张勋领兵前去征讨吕布。

吕布对陈珪说：“招来祸害的就是你，你看怎么办呢？”陈珪说：“韩暹、杨奉、袁术仓促联兵，计划不是事先定好的，肯定不会很好地合作，就像鸡生性不能群栖一样，他们也合不到一块儿，让我的儿子陈登前去瓦解他们，可以把他们拆散。”吕布采用了陈珪的计策，派人游说韩暹、杨奉，让他们与自己联兵改而攻打袁术，军械、物资一概由他出。于是韩暹、杨奉追随了吕布，原属军队吃了大败仗。

吕布与袁术的正面对决，说明了曹操分化策略的实施成功。袁术在打了败战后，准备休养生息、重振旗鼓，等东山再起后与吕布一较高下，但是此时军队中已经是粮草不足，于是，他差人去陈国索粮草，陈相骆俊不给，袁术一气之下挥兵攻打陈，杀了陈王刘宠和陈相骆俊。陈地与许都距离不远，曹操不能看着袁术的军队对许都构成威胁，不过此时袁术的力量已经有所削弱，曹操便于建安二年（197年）九月，乘势宣布袁术的罪状，然后率大军南讨，袁术自知敌我

力量悬殊，遂向南逃去。留下部下李丰、梁刚、乐就等在蕲县（今安徽宿县南）继续抗曹，曹操领兵进击，将这些部将全部斩杀了，袁术退到淮水以南，从此一蹶不振。

袁术于建安二年（197年）冬季，碰上大旱灾与大饥荒，实力严重受损，江淮之间处处可见人吃人的惨剧。当时沛相舒邵（字仲应）劝袁术散粮救饥民，袁术听后大怒，要把他斩了。舒邵说："我知道一定要死，所以这么做。我情愿以自己一人的性命，从灾难困苦中救出百姓。"袁术受感动，下马拉着他的手说："仲应，您只想自己享有天下美名，而不愿意与我共同分享吗？"然而，此时袁术的衰败已经无法逆转。后来，其部曲陈兰、雷薄叛变，在掠夺粮草后，奔赴于灊山。

建安四年（199年），走投无路的袁术，前往灊山投奔他以前的部曲雷薄、陈兰，却为雷薄等拒绝，于是袁术又将帝号归于袁绍，写信给袁绍说："天命离开汉室已经很久了，靠天下人扶持，政权出自私门。英雄豪杰争夺追逐，分割地盘。这同周朝末年的七国没有两样，只有强大的一方吞并他方。袁氏禀受天命应当统治天下，符命祥瑞粲然昭著。现在您拥有四个州，户口达百万人，论势力谁都不可能同您争强，论地位谁都不可能比您高。曹操虽然想扶助衰弱的朝

廷，又怎么能够将断掉的天命重新接上，将已经灭亡的朝廷重新振兴呢？我恭敬地将天命送给您，希望您使它振兴。”袁绍同意接纳袁术。

于是，袁术前往投奔袁绍长子、时任青州刺史的袁谭，结果在路上被曹操派来的刘备、朱灵军截住去路。袁术不能过，又退往寿春。六月，退军至江亭。当时军中仅有麦屑三十斛，时六月盛暑，袁术欲得蜜浆解渴，又无蜜。叹息良久，乃大咤曰：“袁术怎么会到这个地步！”最后呕血斗余而死。

袁术从弟袁胤畏曹操，不敢居寿春，于是，率领家兵和袁术的亲眷护送袁术的灵柩投奔庐江太守刘勋，混乱之中，“传国玉玺”被徐璆得到。

徐璆，字孟玉，广陵海西（今江苏灌南）人。东汉末年大臣，度辽将军徐淑之子。袁术死后军破，徐璆得到袁所盗的国玺，到了许昌，上交皇帝，并送交前所借汝南、东海二郡的印绶。司徒赵温对徐璆说：“君遭大难，还保存了这个吗？”徐璆说：“从前苏武困于匈奴，没有坠失七尺之节，况这方寸之印么？”后来被拜为太常，持节去任命曹操为丞相。曹操让给徐璆，璆不敢接受。

反复无常的吕布

吕布，字奉先，五原郡九原县人（今内蒙古包头九原区），东汉末年名将，汉末群雄之一。由于受边塞游牧民族的影响，吕布从小就练习骑马射箭、武艺出众，号为飞将。

吕布因其勇武在并州任职，并州刺史丁原担任骑都尉，在河内驻扎，任命吕布为主簿，对他很亲近。汉灵帝死后，丁原接到何进的徵召，率领军队到洛阳，密谋诛杀宦官，被任命为执金吾。适逢何进为宦官所杀，董卓入京，诱吕布杀丁原，进而吞并丁原的军队，并任命吕布为骑都尉，同他发誓结为父子，对他十分欣赏信任。不久吕布又被董卓提拔为中郎将，封都亭侯。

关东军起兵讨董时，吕布也曾参战，却因与将领胡轸不和而被孙坚所败，最后董卓挟汉献帝迁都长安。董卓自知自己凶暴，为人所恶，所以时常要吕布作自己的侍卫及守中阁；不过，董卓性格又十分多疑，曾因小许失意而向吕布掷出手戟，

又因吕布与董卓的婢女有染，恐怕事情被董卓发觉，所以心中十分不安。之前，王允认为吕布是并州的壮士，所以对他以厚礼相待。自从吕布怀恨董卓后，他去见了王允，述说了董卓差点杀他的经过。王允此时正和士孙瑞、杨瓒等密谋除掉董卓，因此便让吕布做内应。吕布有些犹豫，说：“奈何是父子，怎么好下手呢？”王允说：“将军姓吕，本来就非亲生骨肉，如今你保全自己的性命还来不及，还说什么父子！”于是吕布答应了王允，成功刺杀董卓，任职奋武将军，假节，仪比三司，进封温侯，与王允同掌朝政。

董卓死后两个月，其旧部属李傕和郭汜等本想解散部队，归隐田野，却在途中遇贾诩献计，召集旧部，攻入京城，吕布守城八日，因城内叟兵叛变，吕布战败，于是率百余骑兵，带着董卓的首级杀出武关。在此期间，吕布曾在城北与郭汜单挑决胜负，吕布以矛刺中郭汜，郭汜被左右军队所救，双方遂各自罢兵。

吕布先投靠袁术，但因袁术不满他自恃有功而十分骄恣、恣兵抄掠，所以拒绝了他，于是吕布改投袁绍。在袁绍处，与其联手在常山会战张燕，黑山军有一万多精兵、几千骑兵。吕布经常骑着能够腾跃城墙、飞跨壕沟，名叫赤兔的良马，与手下猛将成廉、魏越等几十个人骑马冲击张燕的军

阵，有时一天去三四次，每次都砍了黑山军的首级回来。连续作战十多天，终于打败了张燕的军队。

吕布仗恃自己的战功，再次向袁绍要求增加军队，袁绍不答应，而吕布手下的将士也时常抢劫、掠夺，袁绍开始疑恨他。吕布感觉不安，就请求回洛阳。袁绍同意了他的要求，以天子名义任命吕布领司隶校尉，派甲士送吕布而暗中要除掉他。吕布怀疑袁绍打自己的主意，就派人在营帐中弹着筝，自己悄悄逃了出去。半夜那些甲士出动，乱刀砍向吕布的床，认为他已经死了，第二天袁绍却得到吕布还活着的消息，于是下令关闭城门。吕布逃到河内，与张杨联合。袁绍担心吕布对自己不利，再次派兵追杀吕布，那些士兵都害怕他，追上了也没有一人敢逼近。途中经过陈留，太守张邈派人迎接吕布，对他大加款待，临分手时两人握住对方手臂发誓结好。接着在他们的帮助下，吕布又占领了兖州的大部分地区，经过反复较量，曹操最后打败吕布，吕布又逃回徐州，依靠徐州牧刘备。

建安元年（196年），袁术派大将纪灵带领步骑共三万多人马征讨刘备，刘备向吕布求援。吕布手下将领说：“将军您一直想除掉刘备，如今可借袁术的手除掉他。”吕布说：“并非如此，袁术如果占据了小沛，就会联合北面泰山

一带的部队，我们就会被袁术所包围，我不能不去救刘备啊。”于是领步兵千人、骑兵二百，飞速赶往小沛。纪灵等人听说吕布前来援救刘备，只好收兵，不敢轻举妄动。吕布在离小沛西南一里的地方扎下营寨，派卫士去请纪灵等将领，纪灵等人也请吕布一起饮酒。吕布对纪灵等人说：“玄德，是我吕布的贤弟。如今他被诸位所围，我特意赶来救他。我吕布生性不爱看别人互相争斗，只喜欢替别人解除纷争。”吕布命门候在营门中竖起一支戟，说：“诸位看我射戟上的小支，如一发射中，诸君当立即停止进攻，离开这里，如射不中，那你们就留下与刘备决一死战。”他引弓向戟射出一箭，正好中了小支。诸将大为震惊，夸赞说：“将军您真是有天神般的威力呀！”第二天，吕布又与诸将欢会宴饮，然后各自回兵。

后来，吕布见曹操势力又有所发展，便又出兵攻打刘备，刘备失败后归附了曹操。曹操任命刘备为豫州牧，给足刘备粮草，让刘备屯扎在小沛。

建安三年（198年），在曹操南征张绣时，吕布也没闲着，他派中郎将高顺和大将张辽进攻刘备，曹操在得知消息后，立即派夏侯惇去支援，夏侯惇急功近利，被高顺和张辽大军大败，慌忙逃回许都，刘备逃到梁地。

建安三年七月，曹操攻打完张绣返回许都，此时的袁术也已经一蹶不振，便考虑率军东征吕布，九月，曹操大军与刘备会合。十月，曹操大军进抵吕布驻地彭城，此时，中途背叛曹操的陈宫向吕布献计说："我们应该趁着敌军远道而来疲惫之际，给他们当头一击，这样更容易取得胜利。"吕布并不同意："不如他们主动攻击，在泗水的时候我们再袭击。"可是他没想到曹操部队的实力，曹操竟然强渡了泗水，接着打下了彭城，吕布毫无招架之力，不得不退守到下邳。

那么，陈宫为何要背叛曹操呢？

第一个原因是，曹操因陈留名士——前九江太守边让等人出言讽刺，大兴杀戮，诛杀了不少当时被认为是贵族士大夫的名士。《三国志·魏书·吕布传》注引《鱼氏典略》曰："陈宫字公台，东郡人也。刚直烈壮，少与海内知名之士皆相连结。及天下乱，始随太祖，后自疑，乃从吕布，为布画策。"陈宫性格刚烈，又好结交名士。曹操杀了这么多同道中人，陈宫在为自己脑袋担忧的同时，难免有兔死狐伤之感，为反曹埋下怨恨的前因。

第二个原因是，曹操因父亲之死，迁怒徐州民众，屠杀了无数无辜百姓。曹操先杀不少兖州名士大夫于先，又屠杀徐州无辜百姓于后。"凡杀男女数十万人，鸡犬无余，泗水

为之不流。”是多么惨烈的场面，有点良知的人，都会为之流泪，不要说徐州百姓是无辜的，其中还有不少董卓、李傕等人乱两京时，中原及关中流移徐州的士民，在这里都多被曹兵蹂躏、残杀。

以陈宫刚直的性格，虽与曹操交厚信任。却不得不走上了另一条道路：反曹。

在陈宫眼中，曹操虽然是个知遇自己的长官，但却是个杀人魔王，所以陈宫联合了张超、张邈、吕布，一起反对了曹操：

《三国志·魏书·吕布（张邈）传》：“兴平元年，太祖复征谦，邈弟超，与太祖将陈宫、从事中郎许汜、王楷共谋叛太祖。……邈从之。太祖初使宫将兵留屯东郡，遂以其众东迎布为兖州牧，据濮阳。郡县皆应，唯鄄城、东阿、范为太祖守。”

曹操统治下的兖州，只有曹操亲信夏侯惇、荀彧、程昱三人把守的三个城没有背叛曹操，其他人都背叛了曹操，可见曹操征徐州进行大屠杀，是非常之不得民心的。直接引起他们背叛的，也是曹操大屠杀无辜平民的举动。陈宫虽然背叛了曹操，其实陈、曹二人还是惺惺相惜的，只是对人生的见解不同，只是为了人生观的不同，而走向了不可能再合在一起的两条路。

话说，当吕布退到下邳时，广陵太守陈登也起兵配合曹操，曹操让陈登打前锋，曹操一路猛攻到下邳城下，吕布多次迎敌，都被曹军打败，他只好退回城内，做好防御措施，曹操见下邳城坚固，难以攻下，便一直用书信劝吕布投降，吕布看到信原本选择投降，但是陈宫反对说："曹操远来，势必不能停留过久。将军如果率领步、骑兵屯驻城外，由我率领剩下的军队在内守城，如果曹军进攻将军，我就领兵攻击他们的后背；如果曹军攻城，则将军在外援救。不过一个月，曹军粮食吃光，我们再行反击，可以破敌。"这吕布刚开始还同意。但他的妻子告诉他："陈宫、高顺素来不和，将军出城之后，他们不会同心协力，如果出现差错，将军又该怎么办？况且，过去曹操十分厚待陈宫，他竟能舍弃曹操投归我们，现在将军待陈宫并没有超过曹操，却要把城池和妻子都交给他，自己一人迎敌，万一情况有变，我还能做将军的妻子吗？"听了妻子的话，吕布又改了主意。

接着，吕布偷偷派遣部下官员许汜、王楷向袁术求救。袁术说："吕布不把女儿给我送来，理应失败，为什么又来找我？"许汜、王楷说："您现在不救吕布，是自取败亡。吕布一破，您也就要破了。"袁术于是整顿动员军队，声援

吕布。吕布担心袁术因为自己不送女儿而不发兵救援，就用丝绵将女儿身体裹住，绑到马上，乘夜亲自送女儿出城，与曹操守兵相遇。曹军弓弩齐发，吕布不能通过，只得又退回城中。

河内太守张杨素与吕布友善，打算出兵相救，力不能支，于是出兵东市，遥为之势。十一月，张杨部将杨丑杀张杨呼应曹操，但旋即为眭固所杀，眭固打算率领张杨的余部向北与袁绍联合。

曹操挖掘壕沟包围下邳城。但很久未能攻克，兵士十分疲惫，他打算撤军。荀攸、郭嘉说："吕布有勇无谋，现在连战连败，锐气已衰。三军完全要看主将的情况，主将锐气一衰，则三军斗志全消。陈宫虽有智谋，但机变不够。现在应该乘吕布锐气未复，陈宫智谋未定的时机，发动猛攻，可以消灭吕布。"于是，曹军开凿沟渠，引沂水、泗水来灌城。又过了一个月，吕布更加困窘，登上城头对曹军士兵说："你们不要这样逼迫我，我要向明公自首。"陈宫制止说："曹操不过是个逆贼，怎么配称明公！我们现在投降，就好像用鸡蛋去敲石头，岂能保住性命！"

此时，吕布部将侯成请一人照顾他十五匹马，但那人却带着马逃走，打算归降刘备。侯成于是自己追还，马匹失而复得。众将于是合资送礼祝贺侯成，侯成也准备酒和肉庆祝，并在吃以前先送给吕布。但吕布大怒："我下令禁酒但你却造酒，想以酒醉对我有所图谋吧！"侯成既忿恨又畏惧，于十二月就与宋宪和魏续等人生擒陈宫和高顺，率领部众向曹操投降。吕布见此，领麾下登上白门楼，见曹军围困逼切，因而命令身边部下取其首级送给曹操，但部下都不忍心，吕布于是下城投降。

吕布投降后被缚见曹操，吕布见曹操后便自诩能率骑兵为他效命，帮曹操平定天下。曹操听后略有心动，命人将缚绳解松一点。但一旁的刘备立即劝阻，并以吕布曾效力丁原和董卓，但最终二人都被吕布所杀的事说明吕布不可信，曹操点头赞同。曹操又向曾为自己属下的陈宫劝降，陈宫坚决不从，请求立即受刑，曹操忍不住落泪，从此悉心照顾陈宫的母亲和妻儿。其后曹操将陈宫和吕布及高顺都缢杀，并传首许昌。

曹操收降了吕布属下的张辽、陈登父子等人，又招降了原本依附吕布的臧霸、孙观、吴敦、尹礼和昌豨等当地势力，并将沿海数郡交给他们管理，稳定了徐州。

吕布被杀后，曹操消灭了吕布的势力，掌控了徐州，并免除了后顾之忧。虽然次年刘备在徐州叛变，但被曹操快速平定。此役解除了徐州对曹操根据地兖、豫二州的威胁，使曹操能专心迎击于建安五年（200年）发动官渡之战的袁绍，为曹操在战役中取胜奠定了基础。

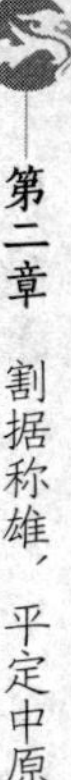

最大的败笔：放走刘备

曹操在杀了吕布后占领了徐州，准备率军回许都，并积极筹备攻打冀州的袁绍。与此同时，周瑜、鲁肃渡江依附孙策，孙策逐步占据江东。

在曹操与吕布两军交战时，汉献帝刘协却在密谋一件大事。

一日，汉献帝和往常一样在曹操送上来的奏章上写了“准奏”二字，便将奏章丢在一边，然后对身边的伏皇后说：“朕从即位以来，奸雄并起，我不过是一个傀儡皇帝罢了，有朝一日曹操得了天下，我们夫妇还有容身之处吗？”

一旁的伏皇后哭着说：“满朝文武百官，难道就没有可以帮助我们的吗？”

汉献帝想了想说：“倒是有个人可行。”

然后说：“你觉得董国舅怎么样？”

伏皇后一听，认为此人确实可行。

汉献帝口中的董国舅，就是董太后的侄子，董贵妃的哥哥董承，伏皇后随即说："皇上既然觉得董国舅可以托付，何不在曹操回许都之前有所安排呢？"

随即，汉献帝咬破手指，写了一封血书，让伏皇后密缝起藏在一条玉带的紫锦衬内，随后宣董承入宫，将玉带赐给了他，董承知道皇帝如此谨慎一定有蹊跷，回家后拆开发现里面藏了皇帝的血诏，内容是让他招兵买马、联络各路忠诚义士诛杀曹贼，虽然董承面上一惊，但是想到自己在迁都以后受到的冷遇，咬了咬牙，决定灭掉曹操，于是，深夜谋划起来。

第二天，董承约见了侍郎王福，长水校尉种辑，三人是至交好友，在聊天中，他们谈到曹操的"恶行"，也是咬牙切齿，看到汉献帝的血诏后，当即宣誓要为汉献帝鞍前马后，但是因为缺乏兵力，一时不知如何着手。

此时，曹操与刘备大败吕布后准备启程回许都，曹操上奏让献帝加封在这一战役中有功的刘备。汉献帝突然想到刘备可以为己所用，刘备也姓刘，按照宗谱辈分来说，刘备还是自己的叔，因此，为了拉拢刘备，汉献帝借曹操的请功之名封了刘备为左将军。

国舅董承暗藏着玉带诏，深夜来访皇叔刘备。董承之所

以选择月黑风高的夜晚来见刘备，是因为刘备府上到处是曹操的眼线，曹操生性多疑，不会完全信任谁。

看到前来的董承，刘备起了疑心。一番寒暄后，董承说明来意，刘备说既然是奉诏伐曹，那他一定效劳，从此，刘备便也暗中联络心腹。

就在刘备第一次投奔曹操时，曹营中就有人建议曹操杀了刘备，但那个时候的曹操势力不算大，需要广罗天下人才，杀了刘备，难免落人口实，这次，虽然天下形势已经变化，但刘备在曹操这儿很不放心，他要注意一言一行，不可让曹操生疑。这里，有个煮酒论英雄的故事。

一日，关羽、张飞不在，刘备在后园浇菜，许褚、张辽带了数十个人到菜园里对刘备说："丞相有命，请使君便行。"刘备惊问："有甚紧事？"许褚说："不知。只教我来请。"

刘备只得随二人入府见曹操。曹操笑着说："你在家做大事啊！"这话吓得刘备面如土色。曹操拉着刘备的手，走到后园，说："玄德（刘备字）学习园艺不容易啊！"刘备听了才放心，回答说："没事消遣罢了。"曹操说："刚才看见树枝上梅子青青，忽然想起去年去征讨张绣时，道上缺水，将士们都口渴；我心生一计，用鞭虚指说：'前面有梅

林。’军士听了这句话，嘴里都生出唾沫，才不渴。现在看见这梅子，觉得不可不赏。又当酒正煮熟，所以邀请使君来小亭一会。”刘备心神方定。随至小亭，已经设好杯盘，盘里放置着青梅，一樽煮酒。二人对坐，开怀畅饮。

酒至半酣，天空突然乌云密布，骤雨将至。

身边的随从遥指天外的龙挂，曹操与刘备一起遥遥观看。

曹操说：“使君知道龙的变化吗？”

刘备说：“愿闻其详。”

曹操说：“龙能大能小，能升能隐；大则兴云吐雾，小则隐介藏形；升则飞腾于宇宙之间，隐则潜伏于波涛之内。方今春深，龙乘时变化，犹人得志而纵横四海。龙之为物，可比世之英雄。玄德经常在外游历，一定知道当世英雄。请说说看。”

刘备说：“我见识浅薄，怎么认得出谁是英雄呢？”

曹操说：“使君不必太谦虚。”

刘备说：“备承蒙陛下恩宠，得以在朝为官。天下的英雄，实在是没有见到过啊。”

曹操说：“即使没见到过，大致也听过一些吧。”

刘备说：“淮南的袁术，粮草充足、兵力强盛，能称为英雄吗？”

曹操笑说："袁术不过已经是坟墓里的枯骨，吾早晚都会抓住他的！"

刘备说："河北的袁绍，祖上三四代为官，家门中有很多故吏；今虎踞冀州之地，部下有才能者居多，能称为英雄吗？"

曹操笑说："袁绍这个人色厉胆薄，好计谋却没有决断；干大事却爱惜性命，看见小利却不顾性命，不是英雄。"

刘备说："有一个人人称八俊，威镇九州，刘景升能称为英雄吗？"

曹操说："刘表虚名无实，不是英雄。"

刘备说："有一人血气方刚，江东领袖——孙伯符是个英雄吗？"

曹操说："孙策借着父亲的威名，不是英雄。"

刘备说："益州刘季玉，能称为英雄吗？"

曹操说："刘璋虽然是宗室（就是皇亲），却只能是守家产的狗而已，怎么能称作英雄呢！"

刘备说："那张绣、张鲁、韩遂等人又怎么样？"

曹操鼓掌大笑说："这些碌碌无为的人，何足挂齿！"

刘备说："除此之外，我实在是不知道了。"

曹操说："能叫作英雄的人，应该是胸怀大志，腹有良

谋，有包藏宇宙之机，吞吐天地之志的人。”

刘备说：“那谁能被称为英雄？”

曹操用手指指刘备，然后又自指向自己，说：“现今天下的英雄，只有使君和我（曹操）两人而已！”

刘备听到这句话，吃了一惊，手里拿的筷子和勺子都不禁掉在地上。

这时正好大雨倾盆而下，雷声大作。刘备才从容地低头拿起筷子和勺子说：“因为打雷被吓到了，才会这样。”曹操笑着说：“大丈夫也怕打雷吗？”刘备说：“圣人听到刮风打雷也会变脸色，我怎么能不怕呢？”将听到刚才的话才掉了筷子和勺子的缘故轻轻地掩饰了过去。曹操才不怀疑刘备。

后人有诗称赞（刘备）说：“勉从虎穴暂趋身，说破英雄惊杀人。巧借闻雷来掩饰，随机应变信如神。”

此事过后，刘备做了两手准备，一边与董承等积极筹备策反，另一边暗中与关羽、张飞商量如何脱身，恰逢此时，袁谭从青州迎袁术，袁术的必经之地是徐州，刘备提出主动截击，曹操将这一任务交给了刘备，因为他熟悉那一带的情况。

程昱、郭嘉听说曹操让刘备带着关羽和张飞去徐州，赶紧找到曹操，对曹操说如果放掉刘备一定会后悔终生。曹操

细想起来，确实如此，赶紧派人去追，但此时的刘备早已逃之夭夭了。

不到一个月的功夫，刘备不仅到了徐州，还杀了曹操派在那里驻守的守将车胄，自己做了徐州牧，让关羽驻下邳，刘备自己据守小沛，东海郡以及周围很多郡县的人，都背叛了曹操，选择跟随刘备，一时间，刘备部队的兵马达到了几万人，随后差人去袁绍处缔结同盟。

建安五年（200年）春天，董承联手王服、种辑，准备再约定刘备，对曹操进行内外夹击，使其腹背受敌，谁知，计划泄露，曹操提前知晓，气愤至极，他将董承、王服、种辑以及他们的家人全部杀了，即便这样，他依然很愤怒，他直接带剑来到宫中，质问汉献帝："董承谋反，陛下可知？"

"董卓已死。"

"是董承，不是董卓。"

曹操这样大声吼道，吓傻了汉献帝。随后，曹操命人抓来了董承的妹妹董贵妃，汉献帝为董贵妃求情，称董贵妃腹中已有胎儿，谁知曹操说："难道要留此逆种为母报仇吗？"董贵妃终究是没逃过此劫。

下一个，曹操要讨伐的就是刘备了，此时，有人反对："与明公争天下的是袁绍，如果我们此时派兵攻打刘备，而

北方的袁绍趁势杀过来，我们怎么办？”“刘备如果今日不除，必定后患无穷。”郭嘉同意曹操的话，继续说：“袁绍向来行动迟缓，且多疑，即使要发兵，也不会太快，而刘备势力才刚刚萌芽，现在火速行动，一定能一举歼灭它。”曹操下决心东征。

袁绍方面得到消息后，其谋士田丰劝他可以突袭曹操的后路，但此时的袁绍哪有心情出兵，因为他的幼子正患重病，他不愿意发兵，气得田丰感叹袁绍大势已去。

曹操和刘备展开战斗，刘备哪里是曹操大军的对手，很快败下阵来，但所幸逃脱，往北投奔袁绍去了，但是他的家人成了俘虏，而此时的关羽依然镇守下邳。

官渡之战

建安五年（200年），袁绍听说曹操杀了董国舅和董贵妃，又软禁了汉献帝，便抓住这个机会，让书记官陈琳写了一篇声讨曹操的檄文，指责曹操陷害忠良、软禁天子、违法乱纪、骄横残暴，还嘲笑曹操身份卑贱，是“赘阉遗丑”，檄文部分内容是：

“父嵩，乞匄携养，因赃假位，舆金辇璧，输货权门，窃盗鼎司，倾覆重器。操赘阉遗丑，本无懿德。僄狡锋协，好乱乐祸。”

这篇檄文号召天下豪杰共同讨伐曹操，檄文一经发出，袁绍便调动了十几万大军向许都进发。

在大部队出发前，袁绍军营内部进行了激烈的讨论。

谋士田丰认为已经失去前面的时机，眼下不宜出兵，就劝阻袁绍说：“曹操已经打败了刘备，许都就不再空虚了。而且曹操擅长用兵，变化无常，人数虽少，不可轻视。现在

不如长期坚守。将军凭藉山岭黄河的坚固，拥有四个州的人马，外面联合英雄豪杰，内部实行农耕用以备战。然后挑选精锐部队，分为奇兵，乘虚而入，袭扰河南。敌人援救右边，我就攻其左边；敌人援救左边，我就攻其右边，使敌人疲于奔命，人民不能安于本业，我们还没有疲劳但对方已经困乏，用不了三年，安坐就可战胜敌人。现在不用庙堂上稳操胜券的计策而想通过一次战争去决定成败，万一不能如愿以偿，后悔就来不及了。”

袁绍不听。田丰极力劝阻，得罪了袁绍，袁绍认为他败坏军心，就将田丰关了起来。于是先发布檄文，大举南下。

其实，从对待谋士的态度，我们就能大致推断出曹操和袁绍二人最后的命运。曹操手下的谋士有荀彧、郭嘉等人，但袁绍手下的田丰能力不在他们之下，无奈的是，田丰选错了人，如果跟随曹操，大概又是另一番结果。官渡之战败亡后的袁绍，不但没有反躬自省，反而恼羞成怒，杀了田丰。

曹操听闻田丰不在军中，喜道：“袁绍必败。”后袁绍败走，曹操叹道：“假使袁绍用田丰之计，胜败尚未可知也。”可见曹操识人之深。

袁绍大军出发前，也派人去游说刘表、张绣等，希望他们能和自已统一战线，但他的想法，岂是曹操未曾料到的？

荆州地区的长沙太守张羡，以长沙、零陵、桂阳为根据地，在刘表准备答应袁绍请求而攻打曹操时，他先一步响应曹操，就这样，刘表和张羡打了起来，双方僵持，刘表也没有精力再去打曹操了。

而张绣曾是曹操的手下败将，在袁绍游说他后，他不但没有听袁绍的，反而直接听了谋臣贾诩的劝告，背叛刘表，归附了曹操，曹操爱才心切，对张绣不计前嫌，接纳了他，这样，袁绍只能单打独斗了。

此时的关中诸将们对待打得热火朝天的袁绍和曹操，采取了观望的态度，凉州（今甘肃东）州长韦端派参谋官杨阜前往许都观战，杨阜回来后，诸将们问杨阜双方战斗如何，杨阜说："袁绍宽容但却少决断，计谋层出不穷而不找到选择，缺乏决断就难以树立威信，不能选择就经常让自己处于被动，目前看虽然实力更强，但最后必定会失败，曹操雄才大略，见机行动，能被任用的人不少，且个个精兵强将，一定能成就大事。"

在听了杨阜的评价后，将领们纷纷倾向于曹操，此时，曹操实行了一系列措施，让关中重返朝廷，比如，他先派总督察官（知书侍御史）卫觊代表朝廷镇守和宣抚关中，卫觊根据关中难民返乡很多以及各将领的势力，向荀彧、曹操建

议恢复食盐专卖，获得的钱财拿去买牛买犁，为难民提供生产的工具，让这些难民安心劳作，恢复生产，并派司隶校尉钟繇镇守关中，维持社会秩序，这些意见曹操全部接纳并执行。

而此时，袁绍一意孤行，他命大将军颜良、文丑为先锋，刘备殿后，自己则率主力部队，浩浩荡荡朝许都而来。

袁绍大军压境，也引起曹营中一阵骚乱，因为明眼人一看都知道双方的实力差距，袁绍十万大军，而曹操只有三四万。

在将领方面，曹操身边有张辽、徐晃、夏侯惇、曹洪等；袁绍身边有张郃、高览、淳于琼、韩猛、蒋奇等；在谋士方面，曹操有荀彧、荀攸、贾诩、刘晔等；袁绍有田丰、沮授、逢纪、许攸、郭图、审配等，皆是足智多谋之士；曹军粮草很少，而袁绍粮草充足。

曹操的工程部总监孔融问荀彧：“袁绍地大兵强，田丰、许攸都是他的智囊，审配、逢纪也都忠于他，颜良、文丑更是两大名将，我们有战胜的可能吗？”

荀彧说：“田丰刚而犯上，许攸贪而不治。审配专而无谋，逢纪果而自用。“荀彧这番话的意思是，袁绍手下虽然谋士众多，但是能帮袁绍治国安邦的却很少。曹操在听取大家的意见和自己的考虑后，更增加了与袁绍决战到底的信

心，对地方也增加了一些了解，顿时士气大振。

接下来，曹操为争取战略上的主动，作出如下部署：派臧霸率精兵自琅邪（今山东临沂北）入青州，占领齐（今山东临淄）、北海（今山东昌乐）、东安（今山东沂水县）等地，牵制袁绍，巩固右翼，防止袁军从东面袭击许都；曹操率兵进据冀州黎阳（今河南浚县东，黄河北岸），令于禁率步骑二千屯守黄河南岸的重要渡口延津（今河南延津北），协助扼守白马（今河南滑县东，黄河南岸）的东郡太守刘延，阻滞袁军渡河和长驱南下，同时以主力在官渡（今河南中牟东北）一带筑垒固守，以阻挡袁绍从正面进攻；派人镇抚关中，拉拢凉州，以稳定翼侧。

从以上部署看，曹操所采取的战略方针，不是分兵把守黄河南岸，而是集中兵力，扼守要隘，重点设防，以逸待劳，后发制人。从当时情势而言，这种部署是得当的。首先，袁绍兵多而曹操兵少，千里黄河多处可渡，如分兵把守则防不胜防，不仅难以阻止袁军南下，而且使自己本已处于劣势的兵力更加分散。其次，官渡地处鸿沟上游，濒临汴水。鸿沟运河西连虎牢、巩、洛要隘，东下淮泗，为许都北、东之屏障，是袁绍夺取许都的要津和必争之地。加上官渡靠近许都，后勤补给也较袁军方便。

二月时，袁绍的主力部队到达黎阳（今河南浚县东北）前线，他派大将颜良出师白马，以保主力渡河决战，沮授说："颜良虽然骁勇，但是性格孤僻，听不进去别人的意见，虽可以打仗但不是统帅的材料。"袁绍不以为然。

随后，袁绍进军黎阳（今河南浚县东北），派大将颜良进围白马，攻东郡太守刘延，以保障主力渡河南进。刘延告急请援。四月，曹操为解除侧翼威胁，北救刘延。谋士荀攸建议，率军先佯装在延津（今河南汲县东）渡河，做出袭击袁军后方的姿态，诱使袁绍分兵延津。然后，轻兵急进，奔袭白马，攻其不备。曹操依行其计，袁绍果然分兵向西，挺进延津。曹操趁机引兵向白马疾进，及距白马十余里时，颜良为"一夫之勇"，不善统兵，震惊之余，率兵仓促迎战。曹操派将军张辽、关羽率先进击。经过一番交战，关羽望见了颜良麾盖（大将所乘戎车，设幢麾、张盖），在张辽军队的掩护下，关羽策马冲到颜良身边，在万众之中刺死颜良，又拔出腰间佩刀斩其首级而归。从始至终，袁军诸将都不能挡住关羽。 曹操挥动着自己手中所持"麾"，徐晃等人的后续部队奉令冲杀。袁军溃散，遂解白马之围。

白马得胜后，曹操认为在白马的前哨守不住，于是将其中的人和军备向西运往延津。

在袁绍准备追击曹时，沮授站出来劝阻："胜败乃兵家常事，目前来看，我们应该留在延津北岸，再分兵去袭击官渡，一旦我们这一战胜利了，我们再过河追击曹操也为时不晚，如果我们一味地南下，只要遇到什么困难，就有可能再无退路。"

袁绍被愤怒冲昏了头脑，哪里听得进去，只管挥师南下，临渡河时，沮授叹息说："大将军狂妄自大，下面的人只贪功，看来我只能离去了。"于是，他称病辞官，谁料袁绍不准，且经过此事，袁绍对他已经是怀恨在心了，将他手下的兵权夺走，将士兵交给了郭图。

文丑是袁绍的一员大将，这次袁绍让他打头阵，自己和刘备殿后，曹操见袁军要渡河，让军队在南面的山坡下扎寨，构建军事阵地，让骑兵解下马鞍，将马全部放开，又将一些兵器、粮草放到路上，然后隐蔽起来等待命令。曹操静待战机，直到袁绍的大队人马赶到，正在动手抢夺曹军有意丢弃的那批辎重马匹时，才下令发起突然袭击。由于曹军犹如"飞将军从天而降"，袁军惊惶失措，顿时大乱，大将文丑在混乱中被砍下马来。

大将被斩，袁军士卒像没头的苍蝇，东撞西窜，溃不成军，完全丧失了战斗力，又见无处可逃，只好举手投降。

延津之战后，曹军再接再厉，一举取得了官渡之战的最终胜利。

最初，曹操喜爱关羽的为人，但观察了他之后发现他的志向并不在自己身上，好像不想久留，便让张辽去探探口风，关羽和张辽在聊天时，关羽说：“曹公如此优待我，我本该追随曹公，但我受刘备的知遇大恩，且发过誓，要与其同死，绝不能背弃，所以我终有一天会离开曹公，但在我离开之前，我一定会回报曹公。”

这一番话，张辽一字一句地告诉了曹操，曹操不但不怪罪关羽，还十分钦佩他的义气，在这次的战争中，关羽击斩了颜良，曹操知道关羽离去的日子到了，于是，他对关羽大加赏赐，谁知，关羽将曹操给自己的赏赐全部封存起来，留下一份辞别书，投奔本就在袁绍帐下的刘备。

曹操身边的将士们告诉曹操要追杀，曹操只说了几个字：“人，各为其主，不要追了。”

袁军初战失利，但兵力、粮草、军货、财力仍然占据明显的优势。

后来，曹操回到官渡，沮授向袁绍说：“河北兵虽然人多势众但勇猛不如河南兵，河南的粮草、军货、财力都不如河北；河南利于速战速决，河北利于缓慢战斗。所以，我们

应让两军缓慢相持，拖长战事。”沮授建议以持久缓进的战术来消耗曹军，但袁绍又不听从。于是，袁绍命令大军向前推进，渡过黄河，紧靠沙滩安营，东西延绵数十里，曹操大军也向两翼展开，构筑阵地，双方隔空相看。

此时，曹操派往官渡前线的士兵只有一万人，而且其中很多将士已经受伤，所以他决定不能拉长战线，必须速战速决，但是打了几次后，根本无法取胜，便退回军营中，而袁绍在营中堆土成山，建立起高地，然后朝着低处的曹营射箭，曹操的军营完全暴露在袁军的视野和射程内，曹军的官兵们只好用盾牌护住自己的头部，才能勉强同行。曹操对工人下令制造出霹雳车（这种车能投掷出巨大的石头），用来攻击袁绍垒起来的高楼，袁绍又使用挖地道的方法，曹操则在营内挖掘横沟阻挡，粉碎了袁军的计策。双方相持三个月，曹操外境困难，前方兵少粮缺，士卒疲乏，后方也不稳固，他几乎失去坚守的信心，写信给荀彧，商议要退守许都，荀彧回信说：“袁绍将主力集结于官渡，想要与公决胜负。公以至弱当至强，若不能制，必为所乘，这是决定天下大势的关键所在。当年楚、汉在荥阳、成皋之间，刘邦、项羽没有人肯先退一步，以为先退则势屈。现在公以一当十，扼守要冲而使袁绍不能前进，已经半年了。情势已然明朗，

绝无回旋的余地，不久就会发生重大的转变。这正是出奇制胜的时机，千万不可坐失。”于是曹操决心继续坚守待机，同时加强防守，命负责后勤补给的典农中郎将任峻采取十路纵队为一部，缩短运输队的前后距离。

几天以后，荀彧又为曹操送来一些粮草，曹操对这些运送粮草的士兵说：“辛苦你们了，再坚持十五天，我为你们击破袁绍，以后你们就不用这么累来回奔波了。”将士们得到曹操的安抚更有劲儿了。

又过了一段时间，曹操部队的粮草再度紧张起来，而袁绍第一批运送粮草的几千辆辎重车已经抵达官渡，曹操很是着急，但是并没有表现出来，他的谋士荀攸自是了解曹操的，他对曹操说：“袁绍辎重车队已经到达，他们的押送将领是韩猛，此人勇猛却轻敌，我们可以一举拿下。”曹操顺势问应该派谁前往，荀攸说：“徐晃。”于是，曹操随即命令偏将军徐晃与史涣共同出击袁绍车队，果然大胜，袁绍粮草被烧，得知后气得直跺脚。

一次，曹操又派使者回许都催促粮草，谁知中途被袁绍的士兵抓到，袁绍的谋士许攸拿到了使者身上曹操向荀彧催粮的信，于是向袁绍献计说：“曹操兵少，而集中全力来抵抗我军，许都由剩下的人守卫，防备一定空虚，如果此

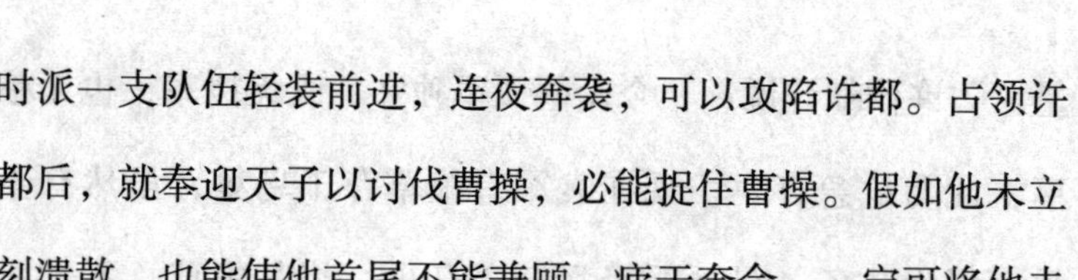

时派一支队伍轻装前进，连夜奔袭，可以攻陷许都。占领许都后，就奉迎天子以讨伐曹操，必能捉住曹操。假如他未立刻溃散，也能使他首尾不能兼顾，疲于奔命，一定可将他击败。”袁绍不同意，说：“我一定要先捉住曹操。”

许攸很诧异，这样好的计谋袁绍竟然不采纳，此时，又遇到一件事，袁绍的亲信审配从邺城派人送信来，袁绍拆开一看，是许攸的侄子侵吞公款，现在他的一家子已经被收押在监，袁绍看后，发了一通火，还羞辱了一番许攸。

袁绍的第一批辎重车被曹操烧毁后，又有了第二批，这批有一万多辆车，袁绍将这些粮食和所有的军用物资都堆积在前线大营的北后方，距离四十公里远的乌巢（今河南延津东南），袁绍命大将淳于琼率军一万余人前往乌巢镇守。

许攸在被袁绍羞辱以后，十分气愤，想到自己曾与曹操交好，便索性半夜逃出军营，投奔了曹操。

曹操听说许攸来了，跣足出迎，高兴地说：“子远来了，大事可成！”再请许攸入座相谈。许攸问到：“贵军军粮可以用多久？”曹操答曰：“尚可支持一年。”许攸再说：“哪有这么多？说真的吧！”曹操再答：“还可以支持半年。”许攸说：“难道你不想打败袁绍吗？为何不说真话？”曹操说：“跟你开玩笑而已，其实军粮只剩此月的分

量。”许攸献计说：“今孟德孤军独守，既无援军，也无粮草，此乃危急存亡。现在袁军有粮草存于乌巢，虽然有士兵，但无防备，只要派轻兵急袭乌巢，烧其粮草，不过三天，袁军自己败亡！”

曹操听到许攸的指点后十分欣喜，立即派荀攸、曹洪等人守住大营，又让夏侯惇、夏侯渊埋伏在大营左边，曹仁、李典埋伏在大营右边，自己则带五千精兵，改换了袁绍的旗帜和号令，马口叼着树枝，用绳子绑住马嘴，防止混乱中马嘶鸣，再命张辽、许褚在前，徐晃、于禁殿后，每个士兵都带着干草柴火，趁着月黑风高的夜晚，抄小道去了袁营。

袁营看到来人打着自家旗号，并没有生疑，让曹兵顺利通过，曹兵来到乌巢，已是四更，立即展开包围，曹操让随行的士兵将干草点燃，然后，擂响战鼓，趁着夜风，冲向袁营，而袁营中的淳于琼则与将领们喝得酩酊大醉，遇到突袭的曹军，自然一片大乱。

袁绍这边，当曹操奔袭乌巢之时，袁军部将张郃主张救淳于琼，他对袁绍说：“曹操亲自出马，必然得手，那么事情就无可挽回了。”郭图却别出心裁地说：“不如乘此时发兵去进攻曹军大营。”袁绍认为郭图说得对，只要攻拔曹营，曹操就无家可归了。于是派高览、张郃率领重兵攻击曹

营，而只派轻骑救援乌巢。

袁绍增援的骑兵到达乌巢，曹操部下说："敌人的骑兵逐渐靠近，请分兵抵抗。"曹操怒喝道："敌人到了背后，再来报告！"曹军士兵都拼死作战，于是大破袁军，斩领将眭元进、韩莒子、吕威璜、赵睿等首级，割下淳于琼的鼻，杀士卒千余人，将他们所有人的鼻割下，连同牛、马的舌头一同送往袁军，袁军将士大惊。此战，曹军还烧掉了袁军全部存粮。

淳于琼为曹将乐进所虏获，被带到曹操面前。曹操问淳于琼说："你今天弄成这样，是什么缘故？"淳于琼答："胜负乃天所控制的，问我干什么？"曹操想要留下淳于琼性命，许攸劝谏说："以后他照镜子（看到自己的鼻子被割了），不会忘记今天的（耻辱和仇恨）。"听完，曹操同意杀淳于琼。

袁绍这边，高览、张郃攻营不下，乌巢大败的消息已经传来了，二将无心恋战，竟自向曹军投降。

袁绍全军大乱，一下子全垮了。慌忙之中，袁绍及长子袁谭各单骑逃遁，直奔黄河渡口，随后又逃来一群骑兵，约有八百骑，渡河至黎阳北岸。这一仗袁绍损失七八万人，武器、辎重、图书、珍宝无数。

官渡之战，经过一年多的对峙，至此以曹操的全面胜利而告终。曹操以两万左右的兵力，出奇制胜，击破袁军十万。这个战例成为中国历史上以弱胜强、以少胜多的典型战例。曹操以其非凡的才智和勇气，写下了他军事生涯最辉煌的一页。建安七年（202年），袁绍因兵败忧郁而死，曹操乘机彻底击灭了袁氏军事集团，建安十二年（207年），曹操又征服乌桓，至此，战乱多时的北方实现了统一。

官渡之战增强了曹操的实力，为曹操击溃袁绍，统一北方奠定了坚实的基础。北方仅有曹操和袁绍势力较大，击溃了袁绍，北方就无人能和曹操抗衡。

曹操灭三袁

袁绍官渡之战兵败逃回到冀州后，陆续平定了各处的叛乱。不久，袁绍发病，死于建安七年（202年）夏五月二十八日。由于袁绍平素有德政，去世之时，河北百姓没有不悲痛的，市里巷间挥洒着眼泪，如同失去亲人一般。

袁绍一死，就涉及继承权问题。袁绍有三个儿子，大儿子袁谭、二儿子袁熙、小儿子袁尚，袁绍继妻刘氏，独爱幼子袁尚，在袁绍还健在时，常在袁绍面前夸这个小儿子，而袁尚本身也是相貌堂堂，很受袁绍喜欢，袁绍有心栽培他为继承人，但众人欲立长子袁谭为继承人，逢纪、审配一向因为骄傲奢侈使袁谭反感，辛评、郭图都同袁谭亲近而与审配、逢纪有矛盾，审配等人害怕袁谭继位以后辛评等人为害自己，就假托袁绍的遗命，拥戴袁尚为继承人。

袁谭不能继位，于是自称车骑将军，驻屯黎阳。袁尚不给袁谭增兵，并派逢纪跟随，但之后因审配拒绝袁谭增兵的

要求，而令逢纪被杀，二人更生嫌隙。

建安七年（202年），曹操攻打袁谭。袁谭向袁尚求救。袁尚害怕袁谭得到士兵后不还，留审配留守，自领士兵救援。同时派河东太守郭援、并州刺史高干、南匈奴单于栾提呼厨泉共攻河东，并与关中诸将马腾等人联合出兵。曹操派钟繇对抗，钟繇派张既劝说马腾支持。

马腾成功被说服，并派马超、庞德救援钟繇。钟繇趁郭援渡河时攻击，大破郭援。庞德更将郭援斩首。南单于见郭援被杀，主动投降。高干向曹操投降。

建安八年（203年），曹操攻取黎阳，大败袁尚和袁谭，二人退守邺城。曹操追击到邺城，并收割麦田。此时，曹军诸将都希望乘势消灭袁氏残余势力。曹操依从郭嘉之计，撤军任由袁尚与袁谭自相残杀。

袁谭对袁尚说："我方铠甲不精，所以上次被曹操打败。眼下曹操撤退，人人想着回家，趁着他们没有过河，出其不意发兵进攻，可以彻底击溃曹军，这个计策不可失去。"袁尚因怀疑而没有同意，既不给袁谭增派兵力，又不给更换铠甲。袁谭大怒，郭图、辛评借此机会对袁谭说："要将军的父亲把将军过继给哥哥做后代的，都是审配用来构陷您的。"袁谭觉得有道理，就率兵攻打袁

尚，双方在外城城门交战，袁谭战败，就率领部队退回南皮。

别驾王脩率领官吏百姓从青州来援救袁谭，袁谭想回去再攻打袁尚，问王脩："您有什么主意？"王脩说："兄弟好比左右手，假如一个人准备同人格斗而弄断自己的右手，说'我一定胜你'，像这样行吗？丢掉兄弟情分而不相亲，天下还有谁同他亲近？近来有人从中挑拨离间造成争斗，用来谋取一时的利益，希望您堵住耳朵不要听。要是杀掉几个阿谀奉承的手下，兄弟重新亲近和睦，来抵挡四方的敌人，可以横行天下。"袁谭拒绝；刘表亦写信给袁谭劝他与袁尚和好，但袁谭仍不接受。

袁谭部下刘询此时则在漯阴叛变，诸郡响应，唯独东莱太守管统抛弃妻儿到南皮支持袁谭。之后袁尚大举进攻，袁谭兵败退回平原。袁尚围城，袁谭于是派遣辛毗向曹操求援，但辛毗见曹操时反而建议曹操应以此机会吞并河北，曹操于是派大军攻袁尚，袁尚立即退兵回救邺城。此时袁尚部下吕翔、吕旷叛变归顺曹操，袁谭却暗中刻将军印绶意图招降他们二人。

曹操知道袁谭并非一心归顺自己，但为了不让袁谭再与袁尚联手，于是让其子曹整娶袁谭女儿为媳妇以安其心。曹

操还封其为青州刺史。

建安九年（204年），袁尚再攻平原，命苏由、审配守邺，曹操攻邺，苏由欲叛，事败出逃。曹操破尹楷、沮鹄，韩范、梁岐、张燕投降，皆获封赏。袁尚得知邺城危急，率领一万余人回救邺城，命李孚入城通知审配联合攻击，但遭曹操迎面拦截，袁尚被击败，逃到漳水弯曲处扎下营寨，曹操又将其包围，尚未合围，袁尚害怕，派阴夔、陈琳求降，曹操不答应。袁尚只好回头逃奔蓝口，曹操再次进兵，很快包围了袁尚。袁尚的部将马延等人临阵投降，部众彻底溃乱，袁尚逃往中山。

曹操收得袁尚的辎重，获得袁尚的印绶、符节、斧钺和衣服物品，拿给城内的人看，城内守军沮丧崩溃。不久审配的侄儿审荣引兵入城，审配被斩。袁尚命牵招向高干求援，被拒绝，牵招投降曹操。

这里，还要交代另外两位人物的命运。

陈琳，字孔璋，建安七子之一，颇具文采，初为何进主薄，后避难冀州，袁绍让其掌管典籍文章，曾写了一篇《讨贼檄文》，这篇讨贼檄文，把曹操的“恶”描述得淋漓尽致，文笔和刀剑一般，笔笔都写得激荡人心。哪怕不知道曹操的人，读了也会不由得对曹操心生厌恶。

这篇檄文对曹操的评价，只是片面的一小部分，毕竟讨贼檄文的目的是讨伐敌人，从而用来激昂军士斗志的，自然不会说曹操好话。但已经胜利的曹操对于曾经讨伐自己的陈琳却并没有“翻旧账”，只是开玩笑说：“你曾为袁本初写檄文，只管列举我的罪状就是了，为什么还要把我的父亲和祖父写上呢？”陈琳告罪，但曹操知道各为其主、身不由己的道理，便不予追究，后来，他因爱惜陈琳的才华，还命其为司空军谋祭酒。

然而，同样是投诚的许攸，就没有陈琳的好运了。

曹操攻破邺城后，占领冀州，许攸立有功劳，但许攸自恃功高，屡次轻慢曹操，每次出席，不分场合，直呼曹操小名，说：“阿瞒，没有我，你得不到冀州。”曹操表面上虽嘻笑，说：“你说得对啊。”但心里颇有芥蒂。一次，许攸出邺城东门，对旁人说：“这家人没有我，进不得此门。”有人向曹操告发，于是许攸被收押，最终被杀。

曹操在进入邺城后，还去祭拜了袁绍。

当天下午，曹操大宴群臣，众人不醉不归。次日一早，众人便在曹操的邀请下，来到一代霸主袁绍的墓前，进行祭拜。当然还有一个刘夫人，她是袁绍的妻子，至于甄夫人，她的身份有些微妙，此时已然是曹丕的夫人，曹

操的儿媳妇。

得知曹操要去祭拜袁绍，从人很快准备了猪牛羊三牲，这是用“太牢”的规格前来祭祀，毕竟袁绍做过大将军，最主要的是袁绍曾经是曹操最要好的朋友。

袁绍的墓地在邺城西郊（今临漳县西）部，南面濒临黄河，西面靠着太行山，依山傍水，显示出一代霸主曾经有过的广阔胸襟，尽管袁绍昔日是曹操的对手，不过曹操的心里对袁绍很敬佩。曹操按照昔日的规格，在袁绍坟上亲手栽了一棵柏树，因为天子坟高三仞、植松树；诸侯半之，栽柏树。而他向袁绍倒酒的时候，仿佛看到少年袁绍英俊的面庞，顿时曹操热泪纵横。

在祭奠袁绍后不久，曹操下令归还在战争中缴获的袁绍的财物、奴仆，并用上好的米来赏赐给袁绍遗孀，此外还规定，袁绍家人的开销，由朝廷专供。并且考虑到战争对河北人民造成的巨大创伤，曹操亲自下令冀州百姓减免租税：河北罹袁氏之难，其令无出今年租赋。自此，河北之民无不感念曹操的恩惠。

在曹操包围邺城的时候，袁谭背叛曹操，趁机抄掠攻占了甘陵、安平、勃海、河闲，进攻在中山的袁尚。袁尚战败，逃到故安投奔袁熙。

建安十年（205年），袁熙部下焦触、张南叛变，袁熙和袁尚逃到乌桓。

建安十年（205年）正月，曹操兴兵进攻南皮，袁谭奋力抵抗，终于在曹操急攻之下战败，袁谭披头散发，死命打马逃跑，追赶他的虎豹骑士兵料想他不是一般人，加紧追赶。袁谭从马上掉了下来，回过头来说："喂，放我过去，我能够使你富贵。"话没说完，头已落地。这时候曹操杀了郭图等人，将他们的妻子儿女也杀了。

建安十二年（207年），田畴帮助曹操偷袭柳城，袁熙、袁尚与蹋顿、辽西单于楼班、右北平单于能臣数万骑在白狼山遇到曹操大军。曹操大将张辽在白狼山之战斩杀蹋顿，袁尚又与袁熙带着几千亲兵投奔辽东的公孙康。

逃到辽东后，袁尚同袁熙商量说："现在到辽东，公孙康必然见我，我一个人为兄长亲手杀了他，并且占领辽东，还可以用来扩大自己。"公孙康心里也打算捉住袁尚来邀功，就事先在马棚里面安排了精强勇猛的士兵，然后出来邀请袁尚、袁熙。袁熙心中起疑，不想进去，袁尚强迫他进去，袁熙就同他一道进去。还没来得及坐下，公孙康就喝使伏兵捉住他们，让二人坐在结冰的地上。袁尚对公孙康说："没死的时候，忍受不了寒冷，能给我们坐席吗？"公孙康

说："你的头颅马上就要走万里路，要席子干什么用！"于是砍下二人的脑袋送给曹操。

自此，曹操经过二十年的南征北战，从陈留起兵，终于一统北方。

第三章

金戈铁马，魏蜀吴三分天下局势的形成

曹操横扫荆州

建安十二年（207年），曹操完成了统一北方的大业，第二年正月，他回到邺城后，开始着手南征的事。

军事方面，曹操建造玄武池训练水军，派遣张辽、乐进等人驻军许都以南，做好南征准备；同时，为了肃清隐患，他对可能存在动乱的关中地区采取措施，上书天子封马腾为卫尉，其子马超为偏将军，继续接替马腾统领部队，将马腾及其家人迁至许都作为人质。政治上罢三公，设置丞相、御史大夫，自任丞相，进一步巩固了他的统治地位，设计杀死曾多次戏耍自己的政敌孔融，让自己获得政治上的绝对权威。

建安十三年（208年），曹操准备讨伐刘表，问计于荀彧，荀彧说：“今华夏已平，南土知困矣。可先出宛、叶而间行轻进，以掩其不意。”曹操南征荆州，向宛城、叶县进发，另外，派杨武中郎将、谏议大夫曹洪等人从东面的小路发动突袭。

八月，荆州刘表死，其子刘琮继位。

刘琮是荆州牧刘表次子，刘表初以长子刘琦之相貌与自己甚为相像，十分宠爱他，但后来刘表次子刘琮娶蔡夫人的侄女为妻，蔡夫人因此爱刘琮而恶刘琦，常向刘表进毁琦誉琮之言。刘表宠耽后妻，每每信而受之。刘表妻弟蔡瑁及外甥张允同样得幸于刘表，亦与刘琮相睦。刘表和蔡夫人打算立刘琮为继承人，而蔡瑁、张允则为其党羽。刘琦因蔡氏的中伤而失宠，最终依从诸葛亮的计策请求出镇江夏，刘琮因着兄长失宠和蔡氏的影响，很受父亲的宠爱，刘表亦打算让他接手荆州。刘琦和刘琮兄弟之间亦因此而生了仇隙。

建安十三年（208年），刘表病重，刘琦从江夏回来探望父亲。蔡氏弟弟蔡瑁和蔡瑁外甥张允怕他们父子相见会感动刘表，令刘表改让刘琦接手荆州，于是将刘琦拒于门外，不让他见刘表。不久之后，刘表病逝，蔡瑁等人拥护刘琮接任荆州牧。

与此同时，曹操正领兵南征荆州，面对大军压境，蒯越、韩嵩及东曹掾傅巽等人游说刘琮归降曹操。刘琮仍想反抗，说："今天与你们诸位据守荆州，守父亲的基业，观望天下转变，不可以吗？"但傅巽说："逆顺有大体，强弱有定势。我们以臣下抵抗朝廷，是叛逆之道；以新建设的荆州

去对抗中原，必定是危险事；以刘备抵抗曹操，是不适当。三项都显得不足，想用以抵抗朝廷军队，必定灭亡。将军觉得自己与刘备相比如何？”刘琮答：“不如。”傅巽因而说：“刘备尚且不能抗曹，荆州就更不能自存了，再者，即便刘备能抵抗曹操，那么刘备就不再是将军的臣下了。希望将军不要再犹豫。”

一番劝说之下，刘琮决定降曹，在曹操进军到襄阳时，刘琮就举州请降，刘备出奔夏口投靠刘琦。曹操以刘琮为青州刺史，封列侯。

在曹操大军即将到达宛城时，刘备才得知刘琮已经主动投降了，便前去质问刘琮，刘琮此时才将真实情况和盘托出，刘备气愤至极，此时的刘备已陷入孤立无援的境地，如果不离开，势必有危险，遂离开。

在刘备渡河到襄阳时，谋士诸葛亮曾劝谏刘备夺取襄阳，但刘备否决了，然后继续南走，另外让关羽走水路。然而，刘琮虽然投降曹操了，但是他周围很多人和荆州百姓都投到刘备麾下，这导致了刘备随行的人很多、部队行走的速度极为缓慢，当时江陵（南郡治所）存有大量粮草、兵器等，有人劝刘备留下民众，然后攻下江陵，也被刘备否决了。曹操在得知了刘备南走的消息后，也怕刘备占领了江

陵，于是，便放下辎重、轻装前进到襄阳，然后委任乐进守襄阳、徐晃另屯樊城，亲自与曹纯以及荆州降将文聘等率虎豹精骑五千追击刘备。

曹操的虎豹精骑不是浪得虚名，他们以日行三百里的速度追上了刘备，当时虽然刘备手下有十万大军，但几乎都是手无寸铁的百姓和散兵游勇，能打仗的很少，为了躲掉虎豹精骑的追击，刘备抛下妻儿，与张飞、赵云、诸葛亮等人逃走，曹军夺得刘备的辎重，还将刘备的妻子和小儿子刘禅（阿斗）捉住。后来，赵云返回才将他们救走。于此，刘备命令张飞带领二十骑断后，张飞断桥、立于河边，大叫："身是张翼德也，可来共决死？"曹军无人敢近，曹操也没有继续追击，而是立即赶往江陵。

此前，盘踞江东的吴侯、讨掳将军兼领会稽太守孙权的势力不断壮大，建安十三年春，在与守卫江夏的刘表部下黄祖的战争中，孙权获胜，江夏数县归孙权所有，这样，孙权打开了西入荆州的门户，且伺机吞并荆襄地区。在接到曹操南下的消息后，鲁肃提出建议："可借为刘表吊唁的名义前去荆州。"孙权采纳，命鲁肃前往，鲁肃前往的目的本是打探刘备等人的想法。但当鲁肃到达南郡时，刘琮已经投降，刘备向南逃的消息传来，于是鲁肃往北走，于当阳长坂与刘

备会面。鲁肃传达了孙权的意图，与刘备讨论天下大事，对刘备表示诚恳的关心。并且询问刘备说："刘豫州，如今您打算到什么地方去？"刘备说："苍梧郡太守吴巨是我的老朋友，打算去投奔他。"鲁肃说："孙将军聪明仁惠，敬重与优待贤能之士，江南的英雄豪杰都归附于他。现在已占有六郡的土地，兵精粮多，足以成就一番事业。如今为您打算，最好是派遣心腹之人到江东去与孙权将军联系，商议共建大业。而您却想投奔吴巨，吴巨不过是个凡夫俗子，又在偏远的边郡，即将被别人吞并，怎么可以托身于他呢？"刘备听后大为高兴。鲁肃又对诸葛亮说："我是诸葛子瑜的朋友。"于是诸葛亮与鲁肃也成为朋友。刘备采纳鲁肃的计策，进驻鄂县的樊口，随即在应下以后再东行，与自汉水东下的关羽水军会合，再遇前来增援的刘表长子、江夏太守刘琦所部一万余人，一起退至长江东岸的夏口。

曹操在占领江陵以后，立即采取安顿荆州吏民的措施，如《三国志·武帝纪》形容的："公进军江陵，下令荆州吏民，与之更始。"在这句话中，"公"是指曹操，"江陵"即现荆州，"更始"意味重新开始、除旧布新。全句字面理解是："曹操进军江陵后，就下令全体官员，开始做更始工作。"这些措施有：大力宣传荆州"服从之功"，荆州人民

当中就有十五位被封侯者，任用荆州名士韩嵩、蒯越、邓羲等人，任命文聘为江夏太守，蔡瑁为从事中郎、司马、长水校尉；而益州牧刘璋在曹操征荆州之初已经派遣部下阴溥向曹操致敬，出于安抚的目的，曹操还封刘璋为振威将军，不久后刘璋又派别驾从事张肃遣兵运军用物资交给曹操，以表自己愿意接受征辟的态度。

曹操占领荆州后，刘璋还不罢休，又派别驾从事张松来见曹操，此时的曹操踌躇满志，被刘璋几次的“叨扰”弄的不厌其烦，遂没有理他，主簿杨修也劝曹操征辟张松为僚属，曹操不答应，张松心怀怨恨，后力荐刘璋与刘备结盟背叛曹操。

但无论如何，荆州已得，曹操志得意满，大有天下已在囊中的气势。

赤壁大战

曹操在占领江陵以后，同年十月，他命曹仁驻扎在江陵，自己则率大军从江陵出发，将要顺长江东下。诸葛亮对刘备说："形势危急，我请命去向孙将军求救。"于是他就和鲁肃一起去见孙权。诸葛亮在柴桑见到孙权，对孙权说："天下大乱，将军在长江以东起兵，刘备在汉水以南召集部众，与曹操共同争夺天下。现在，曹操基本已经消灭北方的主要强敌，接着南下攻破荆州，威震四海。在曹操大军面前，英雄无用武之地，所以刘备逃到此处，希望将军量力而行。如果将军能以江东的人马，与占据中原的曹操相抗衡，不如及早与曹操断绝关系；如果不能，为什么不早点解除武装，向他称臣？现在，将军表面上臣服朝廷，而心中犹豫不决，事情已到危急关头而不果断处理，大祸马上就要临头了。"

孙权说："假如像你说的那样，刘备为什么不服从曹

操？”诸葛亮说：“田横，不过是齐国的壮士，还坚守节义，不肯屈辱投降；何况刘备是皇室后裔，英雄才略，举世无双，士大夫们对他的仰慕，如同流水归向大海。如果大事不成，这是天意，怎么能再屈居曹操之下呢？”孙权勃然大怒，说：“我不能把吴国全部故地和十万精兵拱手奉送，去受曹操的控制。我的主意已定！除刘备以外，没有能抵挡曹操的人，但刘备新近战败之后，怎么能担当这项重任呢？”

诸葛亮说：“刘备的军队虽然在长坂大败，但现在陆续回来的将士和关羽的水军加起来有一万精兵，刘琦集结江夏郡的将士，也不下一万人。曹操的军队远道而来，已经疲惫。听说在追赶刘备时，轻骑兵一天一夜奔驰三百余里，这正是所谓‘强弩射出的箭，到了力量已尽的时候，连鲁国生产的薄绸都穿不透’。所以《兵法》以此为禁忌，说‘必定会使上将军受挫’。而且，北方地区的人，不善于进行水战。另外，荆州地区的民众归附曹操，只是在他军队的威逼之下，并不是心悦诚服。如今，将军如能命令猛将统领数万大军，与刘备齐心协力，一定能打败曹军。曹操失败后，必然退回北方，这样荆州与东吴的势力就强大起来，可以形成鼎足三分的局势。成败的关键，就在于今天！”孙权听后非常高兴，就去与他的部属们商议。

这时，曹操写信给孙权说："最近，我奉天子之命，讨伐有罪的叛逆，军旗指向南方，刘琮降服。如今，我统领水军八十万人，将要与将军在吴地一道打猎。"孙权把这封书信给部属们看，他们无不惊惶失色。长史张昭等人说："曹操是豺狼虎豹，挟持天子以征讨四方，动不动就用朝廷的名义来发布命令。今天我们如果进行抗拒，就更显得名不正而言不顺。况且将军可以抵抗曹操的，是依靠长江天险。现在，曹操占有荆州的土地，刘表所训练的水军，包括数以千计的蒙冲战船，已由曹操接管，曹操计划令全部船只沿长江而下，再加上步兵，水陆并进。这样，长江天险已由曹操与我们共有，而双方势力的众寡又不能相提并论。因此，依我们的愚见，最好是迎接曹操，投降朝廷。"只有鲁肃一言不发。

孙权起身如厕，鲁肃追到房檐下，孙权知道鲁肃的意思，握着鲁肃的手说："你想说什么？"

鲁肃说："刚才，我观察众人的议论，他们只会贻误将军而已，不能与他们共商大事，现在，像我鲁肃这样的人可以迎降曹操，但将军却不可以。我为什么要这样说呢？现在我迎接曹操，曹操一定会把我交给乡里父老去评议，以确定名位，也许会做一个下曹从事，出行有牛车乘坐，有吏卒跟

随，与士大夫们结交，步步升官，也能当上州、郡的长官。可是将军迎接曹操，日后如何安身立命呢？希望将军能早定大计，不要听那些人的意见。”孙权叹息说：“这些人的说法，让我大失所望，如今你的看法，与我不谋而合。”

当时，周瑜奉命到达番阳，鲁肃劝孙权把他召回来。周瑜来到后，对孙权说：“曹操虽然名义上是汉朝的丞相，但实际上是汉朝的贼臣。将军以神武英雄的才略，又凭借父兄的基业，割据江东，统治的地区有几千里，精兵足够使用，英雄乐于效力，应当横行天下，为汉朝清除邪恶的贼臣。何况曹操自己前来送死，怎么可以去迎降？请允许我为将军分析：如今北方尚未完全平定，马超、韩遂还驻兵函谷关以西，是曹操的后患。而曹操舍弃鞍马，改用船舰，与生长在水乡的江东人来决一胜负。现在正是严寒，战马缺乏草料。而且，驱使中原地区的士兵远道跋涉来到江湖地区，不服水土，必然会发生疾疫。这几方面是用兵的大患，而曹操都贸然行事。将军抓住曹操的时机，正在今天。我请求率领精兵数万，进驻夏口，保证能为将军击破曹操。”

孙权说：“曹操老贼早就想要废掉汉朝皇帝，自己篡位了，只是顾忌袁绍、袁术、吕布、刘表与我。现在，那几个英雄都已被消灭，只剩下我还存在。我与老贼势不两立。你

主张迎战曹军，正合我意，是上天把你授给了我！”孙权就势拔出佩刀，砍向面前的奏案，说：“将领官吏们，有胆敢再说应当投降曹操的，就与这个奏案一样！”于是遣散了众人。

当天夜里，周瑜又去见孙权，说：“众人只看到曹操信中说有水军、陆军八十万而各自惊恐，不再去分析其中的虚实，就提出向曹操投降的建议，太不像话。现在咱们据实计算一下，曹操所率领的中原部队不过十五六万人，而且长期征战，早已疲惫；新接收的刘表的部队，至多有七八万人，仍然心怀猜疑。以疲惫的士卒，驾驭心怀猜疑的部众，人数虽多，却并没有什么可怕的。我只要有五万精兵，就足以制服敌军，望将军不要顾虑！”孙权拍着周瑜的背说：“周公瑾，你说到这个地步，非常合我的心意。张昭、秦松等人，各顾自己的妻子儿女，怀有私心，使我非常失望。只有你与鲁肃和我的看法相同，这是上天派你们两个人来辅佐我。五万精兵一时难以集结，已挑选了三万人，战船、粮草及武器装备都已备齐，你和鲁肃、程普率兵先行，我继续调集人马，多运辎重、粮草，作为你的后援。你能战胜曹军，就当机立断；如果失利，就退到我这里来，我当与曹操决一胜负。”于是，孙权任命周瑜、程普为左、右督，各自带领万

余人与刘备合力迎战曹操；又任命鲁肃为赞军校尉，协助筹划战略。

刘备驻军樊口，每天派巡逻的士兵在江边眺望孙权的军队。士兵看到周瑜的船队，就立即乘马回营报告刘备。刘备派人前去慰劳。周瑜对慰劳的人说：“我有军务在身，不能委派别人代理，如果刘备能屈尊前来会面就好了。”刘备就乘一只船去见周瑜，说：“现在抵抗曹操，实在是很明智的决定。不知有多少战士？”周瑜说：“三万人。”刘备说：“可惜太少了。”周瑜说：“这已足够用，将军且看我击败曹军。”刘备想要招呼鲁肃等来共同谈话，周瑜说：“接受军令，不得随意委托人代理，如果您要见鲁肃，可以另去拜访他。”刘备既惭愧，又很高兴，于是带领关羽、张飞两千人跟在周瑜的后面，不归周瑜统领。

同年十二月，孙刘两军逆水而上，行至赤壁，与正在渡江的曹军相遇。曹军当时已遭瘟疫流行，而新编水军及新附荆州水军难以磨合，士气明显不足，初战被周瑜水军打败。曹操不得不把水军“引次江北”与陆军会合，把战船靠到北岸乌林一侧，操练水军，等待良机。周瑜则把战船停靠南岸赤壁一侧，隔长江与曹军对峙。

当时曹操因为北方士卒不习惯坐船，于是将舰船首尾

连接起来，人马于船上如履平地。周瑜对黄盖说：“如今敌众我寡，难以长期相持。曹军正把战船连在一起，首尾相接，可以用火攻，击败曹军。”于是，选取蒙冲战船十艘，装上干荻和枯柴，在里边浇上油，外面裹上帷幕，上边插上旌旗，预先备好快艇，系在船尾。黄盖先派人送信给曹操，谎称打算投降。当时东南风正急，黄盖将十艘战船排在最前面，到江心时升起船帆，其余的船在后依次前进。曹操军中的官兵都走出营来站着观看，指着船，说黄盖来投降了。离曹军还有二里多远，那十艘船同时点火，火烈风猛，船像箭一样向前飞驶，把曹军战船全部烧光，火势还蔓延到曹军设在陆地上的营寨。顷刻间，浓烟烈火，遮天蔽日，曹军人马烧死和淹死的不计其数。

周瑜等人率领轻装的精锐战士紧随在后，鼓声震天，奋勇向前，曹军大败。曹操率军从华容道步行撤退，遇到泥泞，道路不通，天又刮起大风。曹操让所有老弱残兵背草铺在路上，骑兵才勉强通过。老弱残兵被人马所践踏，陷在泥中，死了很多。周瑜、刘备军队水陆并进，一直尾随追击，但已经来不及。

此战中曹军伤亡过半，曹操回到江陵后，恐赤壁失利而使后方政权不稳，立即自还北方，留曹仁、徐晃等继续留守

南郡（治所江陵），文聘守江夏，而后委任乐进守襄阳、满宠代理奋威将军，屯于当阳。孙刘联军取得了赤壁之战的胜利。

孙权亲率大军北攻合肥，却中计退兵；周瑜等亦进攻曹仁留守的江陵，隔江对峙，周瑜另遣甘宁袭取夷陵，曹仁也分兵围攻。甘宁向周瑜告急，周瑜用吕蒙之计，留凌统守后，自己就与吕蒙前往解救，甘宁之围解决后，即引到北岸。吴军先锋先包围前来迎战的曹仁部将牛金，后来反被曹仁两次突入救出自军。后双方克期大战。周瑜亲自跨马上阵，却被流矢射中右胁，颇为重伤，于是退还。后曹仁知道周瑜伤重，就亲身上阵攻击吴军。周瑜便起来，巡视军营，激扬吏士，曹仁于是退回。

与此同时，刘备上表刘琦为荆州刺史，南下荆州南部，包括武陵、长沙、桂阳、零陵，四郡投降，拔擢诸葛亮负责督零陵、桂阳、长沙三郡，调其赋税，以充军实。

孙权任命周瑜为南郡太守，程普为江夏太守，全柔为桂阳太守。而周瑜则分公安给刘备屯驻。

赤壁之战的失利使曹操失去了在短时间内统一全国的可能性，而孙刘双方则借此胜役开始发展壮大各自势力，刘备向孙权借荆州后实力迅速壮大，进而谋取益州，孙权屡次

亲率大军进攻合肥，数战不利，损兵折将。曹操在退回北方后，休养生息五年，平定关中后才大举南征孙权。此战形成天下三分的雏形，奠定三国鼎立的基础。

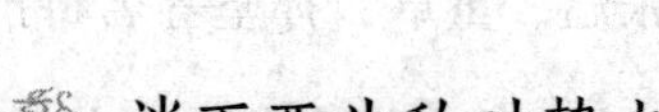

消灭西北敌对势力

赤壁大战的失败是曹操一生最惨痛的失败，然而，曹操并未一蹶不振，而是快速重振旗鼓，将视线转移到自身的统治上，对内，他采取了一些措施，在同孙权争夺淮南、坚守合肥、加强东方防线的同时，也派兵前往西北关中、陇右，争取控制关西地区，以此巩固自己的统治。

他要做的第一步是夺取关中，彼时的关中还处于混战割据的状态，而对于曹操来说最大的威胁就是马超和韩遂。

马超（176—222年），字孟起，扶风茂陵（今陕西省兴平市）人，汉伏波将军马援的后人，马腾的儿子，少年成名，曹操曾多次征召马超入京为官，但都被马超拒绝。而后马腾入京被封为卫尉，马超就统领了马腾的部队。

韩遂（？—215年），原名韩约，字文约，凉州金城郡（今甘肃省兰州市）人。东汉末年军阀、将领，汉末群雄之一。

韩遂最初闻名于西州，被羌胡叛军劫持，并推举为首

领，于是以诛杀宦官为名，举兵十万叛乱。先后与皇甫嵩、张温、董卓、孙坚等名将抗衡，引起天下骚动 。后接受朝廷招安，拥兵割据一方长达三十余年。

韩遂曾与马腾结为异姓兄弟，后来二人关系破裂。袁绍、曹操相争之际，马腾、韩遂被钟繇说服，依附于曹操。马腾入京后，其子马超统领部队，推举韩遂为都督，起兵反叛曹操。

曹操深知，马超、韩遂虽然表面上臣服于朝廷，实则各怀异心，想割据称雄。

赤壁之战后的第二年，也就是建安十四年（209年），韩遂派遣他的心腹阎行出使曹操，曹操给了他优厚的待遇，任命他为益州郡太守。阎行借此机会让他父亲到许都，也就是自愿送人质给曹操，表示忠诚，让曹操放心的意思。回到西北见了韩遂，阎行传达曹操教令说：“谢文约（韩遂）：你开始起兵独立，自有迫不得已的原因，这我是知道的。你应当早一点来，我们共同匡辅朝廷。”阎行接着对韩遂说：“我也觉得应该这样，将军您兴军已经三十多年，民众和士兵都已经穷困疲惫，所处的地域又这样狭小，确实应该早一点归附。这就是我出使时在邺城，自请让老父亲到许都去的原因，真觉得将军也应该派遣一个儿子前去，以表示忠

心。”韩遂说：“暂且还可以再等待观望几年！”不过，韩遂不久还是派遣了一个儿子，和阎行的父母一起去了许都。

不过，即便如此，曹操还是想彻底消灭马超和韩遂的势力。但此二人在名义上还是接受朝廷的封官的，曹操贸然去攻打他们也不是师出有名，曹操也过不了舆论这一关，曹操正在思考如何对付他们。这天，司隶（钟繇）让曹操给他三千兵马，以讨伐汉中张鲁的名义进入关中，迫使关中诸将送更多的人质，曹操让尚书令荀彧向了解关中情况的尚书卫觊征求意见。卫觊说：“西方诸位将领，偏安一隅，没有什么大志向争夺天下，如果国家给予他们丰厚的待遇，他们得到了自己想要的东西，是不会有太大的变故的，如果冒然发兵进入关中，说是讨伐张鲁，但张鲁在深山之中，道路不通，关中诸将必然疑心我们是在征讨他们，牵一发而动全身，一旦他受到惊动，关东地区人多势众，我们恐怕难以占据优势。”

这一番话着实给了曹操一番启发，他从中找到了攻打关中的借口：以征讨张鲁为由，引诱诸将叛乱，然后师出有名讨伐他们。

建安十六年（211年）三月，曹操派司隶校尉钟繇讨伐张鲁，令夏侯渊军前去，与钟繇会合。

丞相仓曹属高柔劝曹操说："大军西进，韩遂、马超会疑心我们要进攻他们，一定会互相煽动。应当先平定了三辅，只需在各地区发下檄文，就可以平定汉中。"曹操不听，果然如高柔所说，马超、韩遂、侯选、程银、杨秋、李堪、张横、梁兴、成宜、马玩十人起兵叛乱，共有十万余人据守潼关。曹操派安西将军曹仁统率各将领抵抗，让他们坚守营寨，不要出战；让曹丕防守邺城，奋武将军程昱协助曹丕处理军务；任命门下督徐宣为左护军，统领各部；任 命乐安人国渊为丞相府的居府长史，管理留守事务。

七月，曹操亲率大军攻打马超等人。属下劝说："函谷关以西的士兵擅长使用长矛，不挑选精锐的部队做前锋，是抵挡不住的。"

曹操说："我早有安排。他们虽然善用长矛，我会让他们的长矛无法刺杀。你们就等着看好了。"八月，曹操到达潼关，与马超相对安营扎寨。

曹操希望马上控制局势，暗中派遣徐晃、朱灵率领步兵、骑兵四千人前往黄河以西扎营。闰八月，曹操从潼关向北渡过黄河，大军先渡，曹操与一百多名勇士断后。这时马超率领一万多名士兵进攻，箭像雨点一样飞来，曹操仍然坐在折凳上不动。

许褚扶曹操上船，可船上士兵都被箭射伤，死了，许褚左手举起马鞍为曹操抵挡乱箭，右手撑船。校尉丁斐把曹军携带的牛马放出来引诱敌人，马超的属下及士兵都争先恐后去争抢牛马。曹军渡过西河，沿河开凿甬道，并向南推进。马超等人退守渭口，也就是渭水流进黄河的入口。

曹操表面摆出阵仗，暗中却用船载着士兵进入渭水，修筑浮桥，再趁夜另派士兵到渭水南岸扎营。马超等人连夜进攻，却遭到伏兵，马超等人大败，到渭南驻军，派使者前去割地求和，曹操不答应。

九月，曹操率大军渡过渭水。马超等人屡次挑战，曹操都不与他们交战；并一再求和，要割地并送儿子做人质。

贾诩觉得不妨假装答应，曹操问他下一步怎么办，贾诩说："离间他们。"曹操点头大笑，曹操与韩遂是旧识，韩遂求见曹操，曹操就答应了。他们骑着马聊天，聊了很久，说起旧友、往事，相谈甚欢。

当时，当地的关中人与胡人都来看热闹，很多人前来围观，曹操笑着对他们说："你们来看曹操吗？曹操也是人，并不是有四只眼睛两张嘴的怪物。"过后，马超等人问韩遂："你们说了些什么？"韩遂说："什么都没谈。"马超等人怀疑韩遂。

有一天，曹操给韩遂寄去一封信，并把信圈改涂抹了很多，弄得就像是韩遂改过一样，马超人等因此更加怀疑韩遂。

曹操与马超等人约定日期交战。曹操先派小部队挑战，过后，才派精锐骑兵夹击，大获全胜，斩杀了成宜、李堪等。

韩遂、马超、杨秋三人逃走，将领们问曹操说："当初，敌军据守潼关，却不防守渭水之北的道路。但您不从黄河以东进攻冯翊，反而在潼关附近等了许久才北渡黄河，为什么？"

曹操说："敌军据守潼关，如果我军进入河东，敌军反会驻守各处渡口，我军则无法渡河。我故意派大军进军潼关，敌军也就在那儿集中防守，西河的戒备松懈，所以徐晃、朱灵两位将军能够轻易夺取西河。随后，我再北渡黄河，敌军无法与我争夺西河，因为已经有两位将军在那里驻军了。我联结车辆，打下木栅，开凿甬道往南推进，既为备战，也为示弱。渡过渭水后修筑营垒，敌人挑战而坚守不出，是想麻痹敌人，因为敌军没有修筑营垒，而只是请求割地。我答应他们，是为了使他们骄傲轻敌。同时，我们养精蓄锐，一旦进攻，就迅雷不及掩耳。用兵之道，贵在多变。"诸将听完，个个点头称是。

关中各将领纷纷率军前来支援马超，曹操很高兴。部下将领觉得奇怪，就问他原因，曹操说："关中地域辽阔，如果他们各自据守关隘险要，我们想征服他们，需要花费一两年；如今他们自己集中在一起，人数虽多，但相互之间谁也不服谁，军队没有主帅，可以一举消灭，比分而击之要容易多了。所以我见他们来，就很高兴。"十月，曹操从长安出发，攻打杨秋，包围安定。杨秋投降，曹操恢复他的爵位，让他留下来安抚百姓。

曹操想继续西进，追击马超、韩遂，再将割据在凉州的其他势力一并加以解决，将陇右也控制在自己手上。可出乎意料的是，在河间（今河北献县东南）爆发了以田银、苏伯为首的农民起义，波及幽州和冀州两个地方，曹操怕这一战会导致后防不稳，随即命张既为京兆尹，让夏侯渊镇守长安，自己则率军东归。张既用怀柔的政策招集流亡难民重返家乡、重建家园，很受百姓的拥戴。

建安十七年（212年）七月，为了肃清关中地区的剩下残余势力，曹操派夏侯渊领兵消灭在蓝田（今陕西蓝田西南）的余众，此时，梁兴在冯翊一带聚众生事，郡守郑浑一方面巩固城防，防止敌人突然入侵，一方面发动群众追捕敌人，并且，给予严明的赏罚，与吏民建立盟约，同时，运用

优厚的条件对敌人进行招抚，瓦解敌人内部。梁兴退守鄜城，夏侯渊在此时受曹操命令领兵前往协助郑浑痛击敌人，郑浑率吏民首先登上敌城，斩杀了梁兴及其余党。

至此，关中地区全部被曹操平定。

此时马超已经兼并了陇右的所有叛军，声势浩大，引兵包围了凉州治所冀城。同时，汉中的张鲁又派大将杨昂带领一万多人援助马超。

冀城被围攻八月有余，夏侯渊因为各地平叛问题，一直无法脱身，也无法驰援冀城。凉州刺史韦康实在扛不住，准备开城投降，杨阜劝说无用，最终还是选择了献城投降，马超进城，直接杀了韦康。

马超此举直接激怒了冀城的众多将领及文臣，马超留下来的杨阜更是成为了他以后的噩梦。

马超顺利占据冀城后，将韦康的兵马全部收入囊中，同时兼任并州牧，宣布自己独掌凉州军事大权。夏侯渊终于意识到了事态的严重性，放下其余地方，引兵匆忙奔袭冀城。大军行进至距离冀城二百多里的地方时，马超突然引兵杀了出来，夏侯渊战败。当他准备重整旗鼓，再次援救冀城时，后方的汧县氐族又举兵反叛，夏侯渊就这样陷入了在战场中疲于奔命的尴尬境地。

建安十八年（213年）八月，杨阜的妻子病逝，杨阜以此为借口离开冀城。一路上，他积极联络各地守军，他表弟姜叙被成功拉拢。他们派遣说客说服了在冀城的赵衢、尹奉等人，有了内应之后，事情变得顺利起来。

赵衢、尹奉劝说马超，应立即开战，马超刚离开冀城，他的家属就被赵衢、尹奉斩杀，冀城也城门紧闭，彻底切断了他的退路。

双方在卤城展开厮杀，马超大败，冲出一条生路，南下投靠汉中的张鲁。建安十九年（214年）春天，在汉中休整了一段时间的马超，凭借张鲁的兵力东山再起。他北上直扑祁山堡，将这里重重包围。事态紧急，姜叙连忙向夏侯渊求援。

夏侯渊再度出手，为了防止像上一次那样被马超突袭，夏侯渊开始分兵推进战线。

张郃统领五千骑兵，沿渭水行进，作为前锋；夏侯渊紧随其后，督运粮草，作为后军。果不其然，大军刚行进至渭水河口，马超便带领几千名氐羌士兵前来拦截。

不过，也许是马超意识到了夏侯渊未在军中，害怕被夏侯渊突袭，两军并未交战，马超果断引兵撤退。

张郃乘胜追击，收复这些氐羌族士兵，收获了不少的军

用物资。等到夏侯渊赶到祁山一带时，危机已经解除。可是马腾、韩遂这两人始终是这块地方上的毒瘤，不解决始终是个问题。

夏侯渊下令留下一部人马看守粮草器械，自己带领轻兵突袭长离，他顺利奇袭长离，烧毁羌人居住的村子，斩杀了不少当地的羌人。

夏侯渊的主动进攻，迅速联动了整个战场。在兴国的韩遂此时无法再淡然了，因为他的部下有很多是羌族士兵，他们听闻自己的族人被夏侯渊斩杀也无心再待在军营中，纷纷离开韩遂大营，回救羌族老乡。

韩遂无奈，只能带领大军共同奔赴长离救援，夏侯渊身边部将看到韩遂帐下密密麻麻的大军，马上向夏侯渊请示安营扎寨、挖掘壕沟，以图再战。夏侯渊下令擂鼓迎战，猛冲韩遂阵营，突入韩遂中军，夺取了韩遂的指挥旗，大败韩遂，韩遂退往羌中，夏侯渊继续拿下兴国、高平、屠各。

十月，曹操派夏侯渊趁势荡平整个凉州，将凉州彻底控制在手中。此时凉州一带的割据势力仅剩下了枹罕的宋建。宋建在黄巾起义之后，趁势在凉州作乱，霸占枹罕三十多年，是当之无愧的土皇帝。夏侯渊攻城一个多月，拿下枹

罕，结束了凉州最后一位土霸王的统治。

至此，曹操用了不到四年的时间，将关西地区的敌对势力一个个消灭了，这也是他统一西北地区的重大胜利。

相争汉中

汉中是益州东北部的一个郡，周围环山、北屏秦岭，汉水盆地坐落其间，汉水支流从西向东流过，汉中物产富饶、土地肥沃，一旦占据汉中，不但能打通通往秦、陇、蜀、楚的道路，进而向外扩张势力，还能“独成一家”、割据一方。所以汉中一直以来都是兵家必争之地，汉高祖刘邦便是以此为根据地，一步步扩张、终成帝业的。

建安十九年（214年）四月，曹操在平定陇右后，便为进攻张鲁创造了有利条件。建安二十年（215年）三月，曹操见刘备已取得益州，而汉中是益州门户，“若无汉中，则无蜀矣”，刘备必然要攻取汉中。于是曹操抢先一步，率十万大军亲征汉中张鲁。

七月，曹操率军来到阳平关（今陕西勉县西北），张鲁左右思量后，知道自己不是曹操的对手，便有了投降之意。但这一想法在说出来后，第一个遭到了其弟张卫的反对，张

卫率领大将杨昂及数万人坚守关口，垒起石墙防止曹军的进入，曹军花了好大力气无果，死伤无数，最后还是运用了夜间偷袭的方法，才打败了张鲁军队，张卫趁机逃回汉中。

见到阳平关失守，张鲁又想投降，此时，功曹阎圃说：“你现在投降，那是因为战败了，就算投降过去也没有地位。你听我的，先别投降，我们先去巴中依靠当地的小军阀，曹操肯定打不下来，这个时候再主动投降，那地位肯定不一样了。”

张鲁一听有道理，马上安排撤退。张鲁的部下撤退时一度想烧了粮仓、国库等地方，张鲁也拒绝了，说：“本来就要投靠朝廷，这些都是要献给朝廷的，现在出走，也只是暂时避开曹军，并非有什么二心。收藏珍宝的仓库，以后也是朝廷的，不能烧掉，还是留着吧”。

曹操占据了南郑后，对张鲁的好意也是心领神会，马上慰问张鲁的家人，表示自己的宽广胸怀。

再说张鲁到了巴中后，刘备也马上来招降张鲁。阎圃这时又劝说张鲁：“现在正是投降曹操的好时候，要是现在不投降曹操，那就干脆投降刘备，我们现在的情况只能二选一了。”

张鲁一听马上大怒，刘备帮着刘璋打我，挖我墙脚撬走

了马超的仇我还没忘呢！于是大骂道："宁为曹公作奴，不为刘备上客！"

于是他痛快地投降了曹操。十一月，张鲁带着全家来到南郑向曹操投降，曹操命张鲁为镇南将军，封阆中侯，而张鲁的五个儿子和阎圃也都被封为列侯。

在曹操进兵汉中后，刘备和孙权之间的关系也随即发生了变化。刘备占据益州后，孙权于建安二十年（215年）派使者去见刘备，希望刘备能将荆州归还给自己，但是刘备却说等夺得凉州后再归还，孙权一听就知道这是个托词，故而大怒，随即派大将吕蒙领兵突袭长沙、桂阳和零陵三郡并成功，刘备得到消息后，也亲自引兵东下，领关羽入益阳（属长沙郡，今湖南益阳西）与孙权争夺三郡，双方僵持不下，眼看一场大战即将爆发。此时，刘备收到曹操进攻汉中的消息，恐自己的益州失守，便主动再提出与孙权联盟的请求，并约定以湘水为界，平分荆州，湘水以东的江夏、长沙、桂阳三郡归孙权；湘水以西的南郡、零陵、武陵三郡归为刘备，双方重修旧好。

早在刘备率军东下与孙权争夺荆州时曹操手下的谋士司马懿就曾对曹操说："刘备以诈力虏刘璋，蜀人未附而远争江陵，此机不可失也。今若曜威汉中，益州震动，进兵临

之，势必瓦解。圣人不能违时，亦不可失时也！”

意思是：“刘备降服刘璋乃是诈力、西蜀人也并不真心臣服于他，现在又率军东下与孙权争夺荆州，此时，正是我们进攻益州的最佳时机，我们拿下汉中后，就该乘胜追击，益州必定成为我们的囊中物。”

谋臣刘晔也认为：“今举汉中，蜀人望风，破胆失守，推此而前，蜀可传檄而定。刘备人杰也，有度而迟，得蜀日浅，蜀人未恃也。今破汉中，蜀人震恐，其势自倾。以公之神明，因其倾而压之，无不克也。若小缓之，诸葛亮明于治而为相，关羽、张飞勇冠三军而为将，蜀民既定，据险守要，则不可犯矣。今不取，必为后忧。”

这话的意思是：“刘备是个人才，他有度量、有智谋和算计，但步调迟缓，得到蜀的时间还很短，蜀国人也没有真正亲附他，我们现在趁势攻打、立即发兵，定能取胜，他日等到诸葛亮成为一国之相，关羽、张飞成为勇冠三军的将领，等到蜀国民心已定，我们再攻打就晚了。”

曹操听了二人的话后，都拒绝了，其实，曹操并不是不想得到西蜀，只是当时刘备在益州的统治已趋于稳定，西蜀也是易守难攻，现在自己的后方还不够稳定，孙权、刘备也已经恢复同盟关系。淮南受到东方的孙权威胁，而关羽也

在荆州对自己的襄、樊虎视眈眈，盲目进攻益州也许会给自己带来更大的危险，于是，曹操命夏侯渊为都护将军，督张郃、徐晃等大将驻守汉中，并以郭淮为夏侯渊司马，以杜袭为督军，自己领兵回到中原。

其实，刘备也不甘心曹操占据汉中，他总是在寻求机会夺取它，早就在刘备与孙权“重修旧好”且平分荆州后，刘备的偏将军黄权就对他说：“失去了汉中，三巴（巴郡、巴东、巴西）的地位就会被动摇，这等于将蜀中的大腿割走了。”

于是，刘备赶紧派黄权去巴中迎接张鲁，但是当黄权到达巴中时，张鲁已经投归曹操了，黄权领兵大败朴胡、杜濩、任约，控制了三巴地区。曹操得到消息后，派张郃领兵南下，想夺回三巴地区，但被张飞大败，只好退守到南郑。

建安二十二年（217年），法正向刘备献计，认为曹操一举降伏张鲁，却未继续进攻益州，而留下夏侯渊、张郃驻守汉中，一定是内部动乱，而夏侯渊、张郃的才能不足以守住汉中，应该立即发兵夺取汉中。且告诉刘备夺取汉中的意义：上，可以讨伐国贼，尊崇汉室；中，可以蚕食雍、凉二州，开拓国境；下，可以固守要害，是持久的战略。刘备赞同，于是率领诸将进攻汉中。

刘备接受法正的建议：率法正、黄忠、魏延、赵云、高

翔、刘封等，先用黄权之计攻破巴东郡的朴胡及巴西郡，进攻汉中的阳平关，另派张飞、马超、吴兰、雷铜、任夔等人攻武都郡，屯于下辨，氐族任雷定等七万多部落相应，而曹军便以夏侯渊守阳平关、张郃守广石、徐晃负责马鸣阁到阳平一带，主力抵挡刘备军，曹洪与曹真则率军防卫张飞军，建安二十三年（218年），张飞与马超改屯于固山，声言要断曹军后路，曹洪虽有攻击下辨的吴兰之心，但众人皆因张飞的举动产生了怀疑，唯独曹休认为敌人如要断军后路，应该伏兵前进；既然他们如此扬言，不如趁两路人马尚未合并，尽早加以攻击，曹洪认为此计可行，遂进击吴兰军，将雷铜、任夔等人杀死，吴兰逃入氐族，被当地人所杀。

三月，马超与张飞军队撤走，同时，夏侯渊与刘备军处于对峙状态。七月，刘备派陈式攻击马鸣阁，被徐晃打败，兵败后部分士兵逃亡时掉进山谷中。刘备率精兵却不能攻克屯兵广石的张郃，寄送书信到成都要求增派援兵，此时，杨洪提出“若无汉中，则无蜀矣”的意见，诸葛亮采纳，于是，立即增派援兵。

建安二十四年（219年）正月，刘备南渡沔水，于定军山、兴势山山麓扎营，与率军前来的夏侯渊部对峙。当时夏侯渊驻守南线据点走马谷，张郃驻守东线据点广石。法正采

取声东击西之计，让刘备将万余精兵分作十队，趁夜轮番进攻广石。张郃率亲兵搏战，虽然没有丢失据点，但也抵挡不住刘备军的轮番攻击，于是向夏侯渊要求增援。

夏侯渊将精兵分拨一半去支援张郃，自己继续固守南线。随后刘备派兵偷袭走马谷，放火烧毁了曹军阵地前的防卫工事鹿角，夏侯渊亲自率四百军士出营救火、修补鹿角。此时，法正看准时机，见夏侯渊正处于劣势，提议全力进攻夏侯渊，刘备于是命黄忠居高临下从后方擂鼓突袭，夏侯渊猝不及被黄忠斩杀，曹军溃败。

当时曹军主帅被杀，军中大乱。杜袭与郭淮将剩下的散兵聚在一起，推举张郃为新的统帅，张郃指挥军队安营扎寨，兵授各将领节度，军心才安定下来，第二天刘备想再渡汉水进攻，曹军部下将领认为寡不敌众没必要冒险，应该依河助阵御敌，郭淮却说这是示弱的表现，无法激起士气，他建议在远离汉水的地方设阵，引诱他们渡河，当敌军渡过一半时给予攻击，张郃认为此计可行，设阵以后，刘备心中生疑，不敢渡河，并没有采取军事措施，于是，曹军只好退守到阳平。曹操得到了夏侯渊阵亡的消息后，便命曹真立即增援，曹真到达以后，派徐晃军反击刘备派出的高翔军，取得胜利，局势暂时得以稳定下来。

三月，曹操亲自率军由长安出兵斜谷，到达汉中，刘备便将群众聚集起来，占领险地，不与曹军正面交战，后曹操在北山下运送粮草，黄忠出兵夺取，但是并没有交还。赵云率骑兵寻找，路上遇到曹操士兵，被围住后，赵云与其厮杀一阵，边战边退，谁料曹军又有援兵，追到赵云营前，赵云只好立即逃至军营，放下旌旗，停敲战鼓，曹军生怕有诈，并不敢继续往前，谁知道此时赵云军擂鼓震天，从后面射出很多箭，曹军很多人被射杀，且慌乱中这些士兵互相践踏，坠进汉水者甚多，死伤无数。

曹操与刘备对峙数月，兵力耗损很多，他便萌生了退意，后用“鸡肋”当口令，官员们都不知道是何用意，唯有主簿杨修明白鸡肋是“弃之可惜，食之无味”的意思，知道曹操想撤退，便自己收拾了行装。五月，曹操果然放弃了汉中。刘备在占领汉中后，六月派孟达由秭归攻房陵，太守蒯祺被杀，后再命令刘封由汉中顺沔水而下，率孟达军猛攻上庸，太守什耽投降，为益州做了更完满的防备，同年七月，刘备在汉中自立为王，与曹操相抗衡。而曹操，因担心刘备称王以后趁机攻打武都，于是命雍州刺史张既率五万多人迁徙到扶风郡和天水郡一带。

从此处也能看出来曹操的战略，他显然一开始就不想久

守汉中，否则他就不会把汉中百姓都迁走了。迁走百姓，留守曹军的吃喝就全都得靠外界运输，秦岭巍巍，道路难行，支撑几年尚可，长期支撑下去，岂不是自找苦吃吗？

不过，自此，汉中之战曹操和刘备的角逐胜负已见分晓。

汉中争夺战从建安二十二年（217年）至建安二十四年（219年）五月，持续了将近两年之久。汉中之战，曹刘双方都投入了非常多的战力，刘备方参战将领张飞、马超、赵云、黄忠等，曹操方参战将领夏侯渊、曹休、曹真、张郃、徐晃、郭淮等，都是三国时期的名将，可谓是一场势均力敌的战争。然而这场持续了将近两年之久的战争，史书上却交待非常少，历代也少有对这场战争的战术评价。

诸葛亮曾说："及至孟德，以其谲胜之力，举数十万之师，救张郃於阳平，势穷虑悔，仅能自脱，辱其锋锐之众，遂丧汉中之地。"司马懿也曾说："昔武皇帝再入汉中，几至大败。"

而曹操从建安二十三年（218年）七月开始治兵，到建安二十四年（219年）三月抵达汉中，准备时间长达半年有余，但在汉中与刘备僵持了仅仅两个月就撤出汉中，汉中之战中发生的汉水之战被认为是曹操速败的原因，后世史家治史时对汉中之战的记载多为曹操被赵云所击败。例如，南

宋朱熹撰《资治通鉴纲目》：“三月，魏王操出斜谷，刘备将赵云击其军，败之。”元胡一桂撰《十七史纂古今通要》：“赵云大败操兵，操引还长安，帝遂有汉中，自称汉中王。”元赵居信撰《蜀汉本末》：“三月，操出斜谷。将军赵云击其军，败之。夏五月，操引还，昭烈遂取汉中。”明章如愚撰《群书考索》：“赵云将数千骑大破魏兵，备遂有汉中。”

三国鼎立局面的最后形成

建安二十四年（219年）七月，曹操刚从汉中撤出，刘备大将关羽就在安排好南郡太守糜芳守江陵、将军傅士仁守公安之后，觉得后方已经稳固，于是，就率驻扎在江陵的大部分军队，向襄阳、樊城进发，很快对二地形成包围之势。

樊城是关羽攻占的第一个目标，当时守将是曹仁，面对关羽的强势攻击，他抵抗不住，一边躲在樊城中不敢出城，另一边派人火速告诉曹操，请求救援。

曹操准备让曹植带兵解救曹仁。但在命令到达曹植那里时，曹植却喝得酩酊大醉而不能受命。于是，曹操反悔，不再以曹植督领援军。

曹操命令曹仁不可弃守樊城，与此同时，又急忙派遣左将军于禁、立义将军庞德去樊城救助曹仁。

曹仁让他们屯兵在樊城北面平地上，和城中互相呼应，

使关羽无法攻城。

正在双方相持不下的时候，樊城一带下了一场大雨。汉水猛涨，平地的水高出地面有一丈多。于禁的军营扎在平地上，四面八方大水冲来，把七军的军营全淹没了。于禁和他的将士不得不泅水找个高地避水。

关羽早就抓住于禁在平地上扎营这个弱点。他趁着大水，安排好一批大小船只，率领水军向曹军进攻。他们先把主将于禁围住，叫他放下武器投降。于禁被围在一个汉水中的小土堆上，逼得无路可退，就垂头丧气地投降了。

庞德带了另一批兵士避水到一个河堤上。关羽的水军向他们围攻，船上的弓箭手一起向堤上射箭。

庞德手下有个部将害怕了，对庞德说："我们还是投降了吧！"

庞德骂那部将没志气，拔剑把他砍死在堤上。兵士们看到庞德这样坚决，也都跟着他抵抗。庞德不慌不忙拿起弓箭回射，他的箭法很好，蜀军被射死不少。双方从早打到中午，从中午打到午后。庞德的箭使完了，就叫兵士们一起拔出短刀来搏斗。他跟身边的将士说："我听说良将不会为了怕死而逃命，烈士不会为了活命而失节。今天就是我死的日子了。"

这时候，大水越涨越高，堤上露出的地面越来越小。关羽水军的大船进攻更加猛烈，曹军的兵士纷纷投降。庞德趁着这乱哄哄的时候，带了三个将士，从蜀军兵士中抢了一只小船，想逃到樊城去。不料一个浪头袭来，把小船掀翻了。庞德掉在水里，关羽水军赶上去，把他活捉了。

将士们把庞德带回关羽大营。关羽好言好语劝他投降。庞德骂着说："魏王手里有人马一百万，威震天下；你们的主人刘备，不过是个庸碌的人，怎能和魏王相敌。我宁可做国家的鬼，也不愿做你们的将军！"

关羽大怒，一挥手，命令武士把庞德杀了。

关羽消灭了于禁、庞德的七军，乘胜进攻樊城。樊城里里外外都是水，城墙也被洪水冲坏了好几处。曹仁手下的将士都害怕了。有人对曹仁说："现在这个局面，我们也没法守了，趁现在关羽的水军还没合围，赶快乘小船逃吧！"

曹仁也觉得守下去没希望，就跟一起守城的满宠商量。满宠说："山洪暴发，不会很久，过几天水就会退下去。听说关羽已经派人在另一条道上向北进攻。他自己没有敢进兵，是因为怕咱们截他的后路。要是我们一逃，那么黄河以南，恐怕就不是我们的了。请将军再坚持一下吧。"

曹仁觉得满宠说得有理，就鼓励将士坚守下去。这时

候，陆浑（今河南嵩县东北）百姓孙狼发动起义，杀了县里的官员，响应关羽。许都以南，其他响应的人也不少。关羽的威名震动了整个中原。

魏王曹操到了洛阳，得到各方面的警报，有点慌。他跟百官商议，准备暂时放弃许都，避避关羽的势头。

谋士司马懿说："大王不必担心。我看刘备和孙权两家，表面很亲热，实际上互相猜忌得厉害。这次关羽得意了，孙权一定不乐意。我们何不派人去游说孙权，答应把江东封给他，约他夹攻关羽，这样，樊城之围自然会解除了。"

曹操听了司马懿的意见，真的打发使者到孙权那里去。

我们再来看看孙权方的态势，关羽处于孙权的上游地带，他很不愿意让关羽的势力再发展下去，而且孙权自身也有攻取荆州之心，吕蒙秘密向孙权建议，如果现在命征虏将军孙皎镇守南郡，潘璋驻守白帝，蒋钦率散兵一万人沿长江上下活动，哪里有敌人，就在哪里战斗，而他本人可以在襄阳城据守，这样，无论是曹操还是关羽都不用操心了，他还评价关羽说，关羽虽然骁勇善战，但是为人自负，对孙权并不是真心相待，现在之所以不攻打他们，是因为孙权圣明，他的将领们还没死。如现在不趁着自己兵强马壮时一绝后患，一旦等自己实力变弱时再较量，就陷入被动了。

孙权考虑后，决定攻打荆州。吕蒙来到陆口，发现关羽虽然征讨樊城，但是却留下很多防守的军队，仓促之间也无法取得新的突破，于是，吕蒙对孙权说：“关羽攻打樊城而留下很多守兵，必定是害怕我袭击他后方的缘故。我时常生病，可以以治病为名，分一部分士兵和我一起回建业。关羽听说这个消息后，就会撤掉守兵，全部开赴襄阳。那时，我们的大军走水路，乘船昼夜逆流而上，乘他不备，袭取他的空虚所在，那么就可以夺得南郡，擒获关羽。”上书后，吕蒙就声言病重，孙权则公开下达文书，召他回建业。关羽闻讯果然中计，逐渐把守备兵力调往樊城。

冬十月，吕蒙奉孙权之召返回建业，途经芜湖，帐下右部督（孙权的禁卫军统帅）陆逊前来拜见，对吕蒙说：“关羽和您的防区相邻，为什么远远离开，以后不会为此而担忧吗？”吕蒙说：“的确如你所说，可是我病得很重。”陆逊：“关羽自负骁勇，欺压他人，因为曾经立了大功，就骄傲自大，一心致力向北进攻，对我军未加怀疑，听说您病重，必然更无防备，如果出其不意，就可以将他擒服。您见到主公，应该妥善筹划此事。”吕蒙大惊，但为不泄露军机，便说：“关羽素来勇猛善战，我们很难与他为敌，况且他已占据荆州，大施恩德和信义，再加上刚刚开始取得战功，胆略和气势更加旺盛，不易对付。”

后来吕蒙拜见孙权，孙权问谁可以替他在陆口指挥，吕蒙极力推荐陆逊，并说：“陆逊思虑深远，有能力担负重任，看他的气度，终究可以大用；而且他没有大名声，不是关羽所顾忌的人，没有人比他更合适了。如果用他，应该要他在外隐藏锋芒，内里观察形势，寻找可乘之机，然后向敌人进攻，可以取得胜利。”孙权下令，由陆逊代替吕蒙。陆逊来到陆口，马上写信给关羽，表示自己对他的仰慕，并且表示绝不与关羽为敌。关羽愈发大意。

在当年的八月，汉水流域曾因为天降暴雨而发生“汉水溢流”的自然灾害。当时的关羽乘船进攻，擒获魏将于禁后，得到人马数万。后来，到了闰十月，关羽借口粮食匮乏，擅自取走了储藏在湘关的米。

孙权得知此事，觉时机成熟，便派兵袭击关羽。孙权准备任命征虏将军孙皎和吕蒙为左、右两路军队的最高统帅，吕蒙说：“如果您认为征虏将军有才能，就应任用他为统帅；若认为我有才能，就应任用我。以前，周瑜和程普为左、右部督，率兵攻打江陵，虽然事情由周瑜决定，然而程普恃自己是老将，而且二人都是统帅，于是双方不合，几乎败坏国家大事，这正是现在要引以为戒的。”孙

权醒悟，向吕蒙道谢说：“以你为统帅，可以任命孙皎做你的后援。”

十一月，孙权西征关羽，任命吕蒙为前部，率军隐蔽前出，进至寻阳（今湖北广济东北），把精锐士卒埋伏在伪装的商船中，令将士身穿白衣，化装成商人，募百姓摇橹划桨，昼夜兼程，溯江急驶，直向江陵进袭，一切都进行得十分隐蔽和诡秘。驻守江防的蜀军士兵被伪装的吴军所骗，猝不及防，全部被俘虏，江陵城内空虚，陷入混乱。吕蒙先让原骑都尉虞翻写信诱降驻守公安（今湖北公安北）的蜀将傅士仁，又使傅士仁引吴军迫降守江陵的蜀南郡太守麋芳。麋芳献城出迎，吕蒙遂率大军进据江陵，从而，一举夺回蜀长期占据的荆州。刚而自矜的关羽，却对吕蒙的袭击行动一无所觉。

南郡太守麋芳开城出降时，吕蒙在沙丘上庆祝南郡投降，虞翻此时劝吕蒙小心城中会有伏兵，江陵城中只有麋芳跟吴军是一心的；其他人居心叵测，劝吕蒙应尽快入城控制城池，吕蒙幡然醒悟，及时掌控城中要地，让原本想要伏击的人来不及设好埋伏。当时城内果然设有伏兵，因为吕蒙接纳虞翻的劝告，这次伏击才不成功。

吕蒙将关羽部下的家属全部抓获，厚加抚慰，并下令军

中，不得骚扰百姓，不得擅入民家有所索取。

当时吕蒙手下有一个军士，与吕蒙一样是从淮河以北的汝南郡南渡而来。他拿了民家一斗笠，来覆盖官府的铠甲。吕蒙认为，铠甲虽是公家器物，但擅取民家斗笠还是犯了军令。挥泪将他斩首。于是军中震栗，以致路不拾遗。

吕蒙还派人早晚慰问年长之人，关心他们的生活，补给不足。若有人生病，就送去医药，有人饥寒，就送去粮食和衣服。关羽府库中的财宝，吕蒙一毫不取，全部封存。

再说曹操听取司马懿的意见，与孙权结盟，同时命徐晃率军救曹仁，并命名将张辽火速援曹仁。

徐晃所部多为新兵，难以与关羽争锋，于是进至阳陵坡驻扎（樊城北），曹操派将军徐商、吕建传令："要等到兵马集结后，一起出击。"当时关羽前部屯偃城，徐晃佯筑长堑，示以将切断蜀军后路。蜀军害怕被围，烧营撤走，徐晃军进据偃城，两面连营，渐向围城蜀军逼近，徐晃军营距关羽所围仅三丈。

曹操使者返回洛阳，带来孙权密信，说即派兵西上袭击关羽，但请保密，以防关羽得知有备。曹操采纳董昭意见，故意泄漏信中内容。曹操令徐晃用箭将孙权密信内容，分别射入樊城及关羽营中。被围魏军得信后，士气倍增，防守更

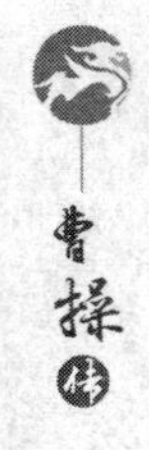

坚；关羽得信后，则进退两难。

此时，曹操为了解救樊城、襄阳，已率主力由洛阳进抵摩陂（今河南郏县东南），并已先后派殷署、朱盖等十二营兵进至偃城，悉归徐晃指挥。

关羽军主力屯围头，一部屯四冢。徐晃以声东击西战术，扬言欲攻围头，却出其不意突袭四冢。关羽恐四冢有失，自率步骑五千出战，战前，由于关羽和徐晃是同乡而且关系很好，两人隔空对话，但说平生，不及军事，不久徐晃下马宣军令：“得关云长首级的人，赏金千斤。”关羽惊怖，说：“你说的这是什么话？”徐晃回答：“这是国家之事。”

随后两军混战，关羽被徐晃击败。当关羽退走营寨时，徐晃率军穷追不舍，尾随关羽败兵，实行追杀，并紧随其后冲入关羽营寨。当时关羽营寨，外围深壕及鹿角十重，障碍设施极为严密，若从营外强攻极为困难。现徐晃趁关羽军队陷于混乱之机，由内突袭，一举大破之，杀降蜀之胡修、傅方。

关羽遂撤围退走，樊城围解。不久，东吴大都督吕蒙偷袭江陵，孙权派人诱降关羽，关羽伪称投降，在城头立幡旗，假做军士，自己却逃走，只有十多骑跟随。孙权派朱然、潘璋断了关羽各路，在临沮捉获关羽和其子关平，随即将其处死。

关羽被杀不久，孙权派人将他的首级献给曹操，表示对曹操的归附之意，同时也是为了引起刘备对曹操的不满。为了表彰孙权的功劳，曹操封其为骠骑将军，领荆州牧、封南昌侯。曹操在所管辖的荆州地区采取了一些安抚民众的措施，让民众安心生产、休养生息，社会秩序也得到了稳定。

此战，对于巩固曹操的南部疆土和稳定后方都起了重大作用，不仅挫败关羽的强大攻势，更重要的是破坏孙、刘联盟，改变了当时的战略格局——三国鼎立局面，使曹操掌握了战略主动权。

第四章 壮士暮年，誓不称帝的枭雄

封公建国，曹操为何不称帝

无疑，曹操是一位杰出的政治家、军事家，虽然一直被后世称为“枭雄”，但也证明了其在历史中的重要性。然而，成就霸业的曹操却没有真正的废汉自立，这是为何，关于这一问题，我们有必要再讨论讨论。

曹操曾说：“然欲孤便尔委捐所典兵众，以还执事，归就武平侯国，实不可也。何者？诚恐己离兵为人所祸也。既为子孙计，又己败则国家倾危，是以不得慕虚名而处实祸，此所不得为也。前朝恩封三子为侯，固辞不受，今更欲受之，非欲复以为荣，欲以为外援，为万安计。”

这句话的意思是：要我就此放弃所统率的军队，把军权交还朝廷，回到武平侯的封地去，这实在是不行的啊。为什么呢？实在是怕放弃了兵权会遭到别人的谋害。这既是为子孙打算，也是考虑到自己垮台，国家将有颠覆的危险。因此不能贪图虚名而使自己遭受实际的祸害。这是不能干的啊。

先前，朝廷恩封我的三个儿子为侯，我坚决推辞不接受，如今我改变主意打算接受它。这不是想再以此为荣，而是想以他们为外援，从而确保朝廷和自己的安全。

可以说，曹操从实践中得到的最为重要的经验是：不慕虚名重实权，纵然后人对曹操的称王有众多否定的声音，但从曹操自身的角度来说，在当时，这也是他唯一的选择。

要摆脱汉室对自己的桎梏，曹操唯有封公建国、独立建帜，走完这一步，就具备了问鼎的自然条件，不过，这也需要一个漫长的过程。

曹操自从打败袁绍、兼任冀州牧，而归还了兖州牧以后，冀州便成为了其根据地，后曹操又将根据地从许都迁至邺城，只留下少部分心腹继续驻守许都，因而后来邺城成为北方的政治中心。

建安九年（204年），曹操攻克邺城，兼任冀州牧。有人对曹操说："宜复古置九州，则冀州所制者广大，天下服矣。"曹操将要从之。

此时，荀彧却反对说："今若依古制，是为冀州所统，悉有河东、冯翊、扶风、西河、幽、并之地也。公前屠邺城，海内震骇，各惧不得保其土宇，守其兵觽。今若一处被侵，必谓以次见夺，人心易动，若一旦生变，天下未可图

也。愿公先定河北，然后修复旧京，南临楚郢，责王贡之不入。天下咸知公意，则人人自安。须海内大定，乃议古制，此社稷长久之利也。”

荀彧这一番言论，可谓是高瞻远瞩，但是却给急于求成的曹操泼了一盆冷水，让其瞬间清醒了，所以，操报曰：“微足下之相难，所失多矣!”

当然，至此，二人之间生了嫌隙。

建安十七年正月，曹操宣布：“割河内之荡阴、朝歌、林虑，东郡之卫国、顿丘、东武阳、发干，钜鹿之廮陶、曲周、南和，广平之任城，赵之襄国、邯郸、易阳以益魏郡。”

建安十七年，曹操接二连三地胜利，战功越多，越是有“震主”的威胁，于是，献帝下诏允许曹操“天子命公赞拜不名，入朝不趋，剑履上殿，如萧何故事”，曹操诸事独断，对于曹操提出的事，献帝只有点头称是，有一次，献帝忍无可忍，对曹操说：“君若能相辅，则厚；不尔，幸垂恩相舍。”意思是你若能够辅助我，那么希望你优厚相待；否则的话，希望你把我抛弃。曹操听闻此话，心惊胆战，连忙磕头赔罪。因为那时，曹操虽然部下人数众多，但很多忠于他的人都是汉室的人啊，若得罪了汉献帝 ，那他就失去了一大半的江山跟部下。从那以后，曹操再也没有对汉献帝不

尊重过。

建安十七年（212年）冬天，曹操开始酝酿进爵问题，谏议大夫董昭揣度曹操之意后，对曹操建议："宜修古建封五等。"太祖曰："建设五等者，圣人也，又非人臣所制，吾何以堪之？"昭曰："自古以来，人臣匡世，未有今日之功。有今日之功，未有久处人臣之势者也。今明公耻有惭德而未尽善，乐保名节而无大责，德美过于伊、周，此至德之所极也。然太甲、成王未必可遭，今民难化，甚于殷、周，处大臣之势，使人以大事疑己，诚不可不重虑也。明公虽迈威德，明法术，而不定其基，为万世计犹未至也。定基之本，在地与人，宜稍建立，以自藩卫。"

这段话的中心思想在"有今日之功，未有久处人臣之势者也"。本质也就是在说服曹操尽早独自建国立制，董昭在曹操的默许下开始积极行动，在《三国志·董昭传》注引《献帝春秋》有记载："昭与列侯诸将议，以丞相宜进爵国公，九锡备物，以彰殊勋；书与荀彧曰：'昔周旦、吕望，当姬氏之盛，因二圣之业，辅翼成王之幼，功勋若彼，犹受上爵，锡土开宇。末世田单，驱强齐之众，报弱燕之怨，收城七十，迎复襄王；襄王加赏于单，使东有掖邑之封，西有菑上之虞。前世录功，浓厚如此。今曹公遭海内倾覆，宗庙

焚灭，躬擐甲胄，周旋征伐，栉风沐雨，且三十年，芟夷群凶，为百姓除害，使汉室复存，刘氏奉祀。方之曩者数公，若太山之与丘垤，岂同日而论乎？今徒与列将功臣，并侯一县，此岂天下所望哉！'"

这段记载的大意是："董昭与部分列侯及将军们商议，认为丞相曹操应该进爵为国公，并享受九锡这样的待遇，以表彰他的特殊功绩。他写信给荀彧表示：'以前周公、吕望辅政，当时姬氏强盛，又有文王、武王开创的大业。当年他们辅佐年幼的成王，功绩与如今的曹公非常相似，还接受了很高的爵位，又被赐土封国。战国后期的将领田单，为报仇而驱使强大的齐国军队去进攻弱小的燕国，占领城池七十多座，迎接齐襄王回国；齐襄王赐予田单东到掖邑西至菑上的封地和良田。以前的朝代对功臣的奖励，都达到了如此高的地步。如今曹公遇到海内倾覆、宗庙被毁的乱世，却能亲自穿戴甲胄，各地征讨，奔波劳碌，不避风雨，大约已有三十年时间了。他消灭群凶，为百姓除害，使汉室得以保存，奉祀的还是刘氏。上面提到的几位前人与曹公相比，就好比是泰山与土丘，又怎能与日月争辉呢？如今仅仅将曹公与其他将军及功臣们同列，一并封侯并给予一县的封邑，这难道是天下人所希望的吗！'"

而荀彧则回复他："君子爱人以德，不宜如此。"

可以看出，荀彧希望曹操始终保持对汉朝的忠心，成为齐桓公、晋文公，或者霍光这样的人物。但曹操，已经有很明显的篡位信号了，不过曹操万万没想到自己一向信任的心腹荀彧居然在关键时刻"绊自己一脚"，心中大为愤恨，于是，来年征讨孙权，曹操就把荀彧从许都"骗"到前线。荀彧莫名其妙地死在了军中。

荀彧一死，曹操马上恢复古九州之制。然后称魏公，接受九锡。

从列侯到魏公，并加九锡，是曹操一直以来的诉求，但曹操还是推辞了，并写《让九锡表》《辞九锡令》《上书谢策命魏公》三篇文章，其中，《让九锡表》说的是：

臣功小德薄，忝宠已过。进爵益土，非臣所宜。九锡大礼，臣所不称。惶悸征营，心如炎灼。归情写实，冀蒙听省。不悟陛下复诏褒诱，喻以伊周，未见哀许。臣闻事君之道，犯而勿欺。量能处位，计功受爵。苟所不堪，有损无从。加臣待罪上相，民所具瞻。而自过谬，其谓臣何。

曹操退让以后，不少大臣出来劝进，曹操依然表示退让，接受了献帝的策命，但封地只接收一个魏郡，大臣们又劝，曹操这才完全接受了策命。

接下来，曹操在邺城建立了魏国的社稷、宗庙，还按照汉初封王的制度在魏国设置了尚书、侍中、六卿，以荀攸为尚书令，毛玠、崔琰等为尚书，杜袭、卫觊等为侍中，钟繇为大理，王修为司农，袁涣为郎中令，陈群为御史中丞等，至此，汉献帝进一步沦为曹操手中的傀儡。

建安十九年（214年）三月。汉献帝授予曹操金玺（金质印玺），这是一种唯有称王或者诸侯才能佩戴的器物。除此之外，还要赤绂（红色印绶）、远游冠（帽子），从这些配饰，足可见曹操此时的地位。

同年十一月，曹操发现了伏皇后曾经写给他父亲伏完的一封密信，密信内容是，因为“衣带诏事件”，曹操杀了董国舅和怀了身孕的董贵妃，实在罪孽深重，希望伏完能暗中除了曹操。

伏皇后的父亲伏完，是个学者型官员，深谙保身之道。比如建安元年，他以皇帝老丈人的身份出任辅国将军，仪比三司。但他认为“政在曹操”，自己需要避嫌，于是主动请辞，转而担任一些没有实权的闲职，得以善终。

但这封密信被翻出后，曹操哪肯善罢甘休，于是，便逼着献帝废去伏皇后，并假为策书说：“皇后伏寿，由卑贱而得入宫，到登上皇后尊位，自处显位，已经二十四年。既没

有文王母、武王母那样的徽音之美，而又缺乏谨慎修身养怡之福，却阴险地怀抱妒害，包藏祸心，不可以承奉天命，祀奉祖宗。现在派御史大夫郗虑持符节策书诏令，把皇后玺绶缴上来，退去中宫，迁往其他馆舍，唉！可悲伤啊！伏寿咎由自取，未受审讯，幸甚幸甚！”又以尚书令华歆为郗虑副手，统兵入宫逮捕伏后。伏皇后紧闭门户匿藏墙壁中，华歆伸手将伏后牵出。

当时献帝在外殿，郗虑坐在他身旁。伏后披发赤脚徒步而行，哭泣着经过献帝面前告别说：“不能再救救我吗？”献帝说：“我也不知我的性命还能延续到何时！”回头望着郗虑说：“郗公！天下难道有这样的事吗？”于是曹操将伏后下于掖庭暴室，幽禁去世（《曹瞒传》称当场被杀），所生的两位皇子亦以毒酒毒杀，伏氏宗族有百多人亦被处死，伏寿母亲等十九人都被流放到涿郡。

早在建安十八年（213年），献帝就娶了曹操的三个女儿曹宪、曹华、曹节，在伏皇后死后两个月，也就是建安二十年（215年），曹操胁迫献帝升自己的女儿曹节为皇后，献帝进一步被曹操控制。

同年九月，献帝又授予曹操分封列侯和任命太守、国相的权力。第二年，献帝正式封曹操为魏王。

一个叫杨训的人上表称赞曹操的功绩，夸述曹操的盛德。当时有人讥笑杨训虚伪地迎合权势，认为崔琰荐人不当。崔琰从杨训那里取来表文的草稿一看，写信给杨训说："读表文，是事情做得好罢了！时间啊时间，随着时间的变化，情况也一定会发生变化的！"崔琰的本意是讽刺那些批评者好谴责呵斥而不寻求合于情理。有人却报告说崔琰这封信是傲世不满怨恨咒骂，曹操发怒说："谚语说'不过生了个女儿耳'。'耳'不是个好词。'会有变的时候'，意思很不恭顺。"从此罚崔琰为徒隶，派人去看他，崔琰言谈表情一点也没有屈服的意思。曹操的令文说："崔琰虽然受刑，却与宾客来往，门庭若市，接待宾客时胡须卷曲，双目直视，好像有所怨忿。"于是赐死了崔琰。

亦有一说，崔琰的文集被人得到，携带的时候用布包裹。当时与崔琰有过节的人看到这个场景，就到曹操面前诬告崔琰，说他的文章中暗自讽喻朝政，故不得公之于人。曹操闻言大怒，将崔琰关入大狱而后处死。

崔琰被赐死，尚书仆射毛玠十分不快。后来，有人告发毛玠，说："毛玠出门看见脸上刺字犯人，那人的妻子儿女被籍没为官家奴婢，就说：'使老天不下雨的原因大概就是这个吧。'"曹操大怒，把毛玠逮捕下狱。大理寺卿钟繇奉

命责问毛玠。

毛玠说：“我听说萧望之自杀，是因为石显的陷害；贾谊被流放，是因为周勃、灌婴的谗言中伤；白起被赐剑自刎于杜邮，晁错被斩首于东市，伍子胥命断于吴都。这几位人士的遭遇，都是由于有人公开妒忌，或是由于有人在背后暗害。我自年少时就作县吏，积累勤勉取得官职，我的职务处在中枢机要之所，牵涉复杂的人事关系。如有人以私情请托，他再有权势我也要加以拒绝，如有人将冤屈告诉我，再细微的事件我也要审理。人的本心是想无限制地追求私利，这是法律所禁止的，谁要按照法律去禁止非法求利，有权势的人就可能陷害他。进谗言的小人就像青蝇一样一哄而起，对我进行诽谤，诽谤我的肯定不是其他人。过去王叔、陈生与伯舆在朝廷上争辩曲直，范宣子进行评断，他叫双方举出证词，这样使是非曲直各得其所。《春秋》称许此事，因此加以记载。我并没有说过那样的话，也谈不上什么时间、对象。说我说过，则必须有证据。我请求得到范宣子那样的评辨，和王叔那样的诬陷者对质。如果曲在于我，行刑的日子，我就会像得到安车驷马的赠予那样安然就死；送来让我自杀的赐剑，我将把它比作重赏的恩惠。谨以此状作为申诉如上。”

当时桓阶、和洽进谏营救毛玠。毛玠于是被免刑、废黜，后来死在家中。曹操赐给棺木、祭器、钱和绢帛，授给他的儿子毛机郎中的官职。

从以上几件事，我们可以发现，对于曹操来说，只要有人阻挡自己前进的脚步，不管你曾经有过多大的功劳，他都要给予严厉的制裁。

建安二十一年（216年）七月，南匈奴呼厨泉单于入朝拜贺魏王曹操，曹操将其留在邺城，另派匈奴右西安王去卑回去兼理南匈奴，曹操待匈奴单于如列侯，允许其子世袭封号，并将南匈奴分为左右前后中五部，各令其首领为帅，派汉人前去做司马，进而监督他们。

曹操如此策略，让他更声名远播了。

建安二十二年（217年）四月，献帝赐给曹操只有皇帝才能使用的旌旗，出入时和皇帝规格一样，左右警戒严密，不准其他人通行。六月，再赐曹操像天子那样头戴悬垂有十二根玉串一样的礼帽，出行乘坐特制的金银车，套六马，这已经是皇帝的做派了，但曹操的生命逐渐走向了终点，曹操也始终未称帝。

曹丕、曹植的储位之争

曹操在称王、称公后，身体大不如从前，他也开始考虑立储的问题了。

曹操有二十五个儿子，由众多妻妾所生。他的结发妻子丁氏无所出，长子曹昂为刘夫人所生，刘夫人早亡，曹昂一直由丁夫人抚养；次子曹丕与其弟曹彰、曹植、曹熊为卞夫人所生；年岁较小的曹冲、曹据、曹宇为环夫人所生。其余不一一列举。

按照封建宗法制度，继承应该是长幼有序，但曹昂早年死于张绣手里，曹彰立志将才，对君王无意，接下来，继承人当推曹丕。然而，号称“乱臣贼子”的曹操又怎会在乎这些封建礼法呢？他更看重的是儿子们的德行与才能，为此，在培养诸子的过程中，他就有意观察谁更适合做继承人。

曹操最看重的是曹冲（196年生）。曹冲，字仓舒，东汉末年沛国谯（今安徽亳州）人，由曹操的小妾环夫人所

生。少年时就敏于观察，十分聪慧。曹冲五六岁时，智力心思就已经达到成年人的水平了。

当时孙权曾送来一只很大的象，曹操想要知道象的重量，询问众部下，都不能拿出办法来。曹冲说：“把象放在大船上面，在水痕淹到的船体上刻下记号，再称量物品装载在船上，那么比较以后就可以知道了。”曹操十分高兴，马上施行了这个办法，果然知道了大象的重量。

还有一次，当时军队国家事务繁多，施用刑罚又严又重。曹操的马鞍在仓库里被老鼠啃啮，管理仓库的吏役害怕一定会死，琢磨想要反绑双手去自首罪过，但仍然惧怕不能免罪。曹冲对他说：“等待三天，然后你自动去自首。”曹冲于是拿刀戳穿自己的单衣，就像老鼠咬啮的一样，装作不乐意，脸上一副发愁的样子。曹操问他，曹冲回答说：“民间风俗认为老鼠咬了衣服，主人就会不吉利。现在单衣被咬了，所以难过。”曹操说：“那是瞎说，用不着苦恼。”不久库吏把老鼠咬马鞍的事情汇报了，曹操笑着说：“我儿子的衣服就在身边，尚且被咬，何况是挂在柱子上的马鞍呢？”一点也没责备库吏。

曹冲心地仁爱，识见通达，都像这件事情所表现的那样，本应犯罪被杀，却被曹冲暗中分辨事理而得到帮助宽宥

的，前后有几十人。曹操几次对众大臣称赞曹冲，有想让曹冲继承大业的打算。

可是在曹冲十三岁时，得了重病，曹操亲自为他向天请求保全生命。到了曹冲死去时，曹操极为哀痛。曹丕宽解安慰曹操，曹操说：“这是我的不幸，却是你们的幸运啊。”一说就流下眼泪，为曹冲聘了甄氏已经死去的女儿与他合葬，追赠给他骑都尉的官印绶带，命宛侯曹据的儿子曹琮做曹冲的后代。

曹冲死后，一段时间以内，曹操又倾向于立曹植为嗣子。

曹植（192—232年12月27日），字子建，是曹操与武宣卞皇后所生第三子。

当时曹操在北方尚未站稳脚跟，缺乏固定的根据地，家属常随军行止，因此曹植的童年同众多兄弟们一样，是在戎马倥偬的生活中度过的。这种戎伍生活一直到建安九年（204年），曹操击败了劲敌袁绍集团，攻克了其经营多年的邺城（今河北临漳），方才有所改变。

曹植自小非常聪慧，才十岁出头，就能诵读《诗经》《论语》及先秦两汉辞赋，诸子百家也曾广泛涉猎。他思路快捷，谈锋健锐，进见曹操时每被提问常常应声而对，脱口成章。曹操曾经看了曹植写的文章，惊喜地问他：“你请

人代写的吧？”曹植答道：“话说出口就是论，下笔就成文章，只要当面考试就知道了，何必请人代作呢！”

再加之曹植性情坦率自然，不讲究庄重的仪容，车马服饰，不追求华艳、富丽，这自然很合曹操的口味。渐渐地，曹操开始把爱心转移到曹植身上。

曹操在立嗣问题上态度很谨慎，想看看曹丕（曹操大儿子）和曹植谁更德才兼备，他的动机是好的，但在这一问题上，曹操一直狐疑不决，难免影响下属。时间一长，下属间渐渐形成了拥丕派和拥植派两个集团。拥丕派有桓阶、邢颐、吴质、贾诩等，拥植派有丁廙、丁仪、杨修、孔桂、杨俊等，各自结为党羽、设计谋、造舆论、尔虞我诈、互相倾轧。不过，曹植在这场争夺战中逐渐失去优势。

建安十九年（214年），曹植改封临淄侯。这一年，曹操东征孙权，令曹植留守邺城，告诫他：“当年我担任顿邱令的时候二十三岁，回想起那时候的所作所为，至今都不曾后悔。如今你也是二十三岁，怎能不发奋图强呢！”曹植因为有才而受宠，丁仪、丁廙、杨修等人便都来辅佐他。曹操有些犹疑，好几次几乎要立曹植为太子。然而，曹植文人气、才子气太浓，常常任性而行，不注意修饰约束自己，饮起酒来毫无节制，做出了几件让曹操很是失望的事。

一次，曹操率兵出征，曹植当场口诵一文，预祝曹操凯旋，一时口拙的曹丕急得不行，幸得幕僚吴质在一旁提醒他装哭。于是曹丕哭着向父王拜别，曹操看曹丕如此孝心可嘉，感动得不行。在场的大臣都认为曹丕虽然不及曹植文采飞扬，但是一片赤诚之心更让人感动。

还有一次，曹丕悄悄将自己的谋士吴质通过竹篓运到了建邺城内，但是却被曹植的谋臣杨修发现报给了曹操，曹操非常生气，想要下罪给曹丕，但是吴质来了个回马枪，悄悄跑出了城，在第二天竹篓被曹操检查的时候，里面根本没有吴质，这下曹操就认为杨修谎报军情，对杨修就心生芥蒂了。

再有一次，一天，曹操想考验曹丕、曹植的才干，说你们俩出邺城给我办点事去。但是他又吩咐守门的人别放他俩出去，曹丕先到，看大门不让出，不得已回来了。曹植听说了，请教杨修怎么办，杨修说，你奉王命，谁挡你杀谁，于是曹植到门口把看大门的杀了。曹操觉得曹植很有本事。后来有人告诉曹操是杨修教了曹植，曹操大怒，因为这也不喜欢曹植了。

建安二十二年（217年），曹操外出期间时，曹植借着酒兴私自坐着王室的车马，擅开王宫大门司马门，在只有帝

王举行典礼才能行走的禁道上纵情驰骋，一直游乐到金门，他早把曹操的法令忘到九霄云外去了。曹操大怒，处死了掌管王室车马的公车令。从此加重对诸侯的法规禁令，曹植也因此事而日渐失去曹操的信任和宠爱。

建安二十四年（219年）秋天，杨修与曹植饮醉共载，从司马门出，又谤讪鄢陵侯曹彰，曹操闻之大怒，以“前后漏泄言教，交关诸侯”等罪名下令将杨修处死，杨修叹息：“我固自以死之晚也。”

曹操确立继承人一事一直没确定，不但让曹丕、曹植焦虑，即便是曹操身边的文臣武将，也为此颇费心思。

后来，曹操问贾诩：“该立谁为继承人呢？”贾诩默然不答。曹操问：“我问你，你怎么不回答？”其实，贾诩是在卖关子，故意引起曹操的注意。于是，贾诩故意装成惊醒的样子，说，我刚才在想一个问题，因此未答。曹操说你想什么？贾诩说，我想起了袁绍和刘表他们父子。曹操恍然大悟，哈哈大笑起来，随即确定立曹丕为继承人。

贾诩的这句话，言下之意是：袁绍和刘表二人，都因废长立幼而引起了内部分裂，最后鸡飞蛋打，为曹操所灭，曹操深知他们灭亡的原因，故有恍然大悟的一笑，故有此快速的决定。

因此，从这一角度看，曹植在争储之战中失败，与其说失败于做人立德，不如说失败于长幼次序，因为立曹植为继承人，比立曹丕要危险得多，在曹操看来，一旦立错，可能危及自己辛苦打下来的江山。

建安二十二年（217年）十月，曹丕运用各种计谋，在司马懿、吴质等大臣帮助下，在继承权的争夺中战胜了弟弟曹植，被立为魏王世子。

枭雄之死

年轻时的曹操就注意锻炼身体，喜欢“蹴鞠”，“蹴鞠”就是踢球。“鞠”最早系外包皮革、内实米糠的球。因而“蹴鞠”就是指古人以脚蹴、踏、踢皮球的活动，类似今日的足球。据史料记载，早在战国时期汉族民间就流行娱乐性的蹴鞠游戏，而从汉代开始又成为兵家练兵之法。

汉代蹴鞠运动十分兴盛，且出现了研究这项运动的专著，汉代曾有人写了一部《蹴鞠二十五篇》，这是我国最早的一部体育专业书籍，也是世界上的第一部体育专业书籍。《史记·扁鹊仓公列传》记载：“名医淳于意为项处看病，叮嘱他不要过度劳累，但项处不听，仍外出踢球，结果呕血身亡。”这也使得项处成为了世界上有史可查的第一个狂热“球迷”。

再说曹操，晚年时的曹操注意练习气功，以此寻求养生之法，且身体力行，有所感悟，为此，他还写了一篇《气

出唱》：

驾六龙，乘风而行。行四海，路下之八邦。历登高山临溪谷，乘云而行。行四海外，东到泰山。仙人玉女，下来翱游。骖驾六龙饮玉浆。河水尽，不东流。解愁腹，饮玉浆。奉持行，东到蓬莱山，上至天之门。玉阙下，引见得入，赤松相对，四面顾望，视正焜煌。开玉心正兴，其气百道至。传告无穷闭其口，但当爱气寿万年。东到海，与天连。神仙之道，出窈入冥，常当专之。心恬澹，无所愒。欲闭门坐自守，天与期气。愿得神之人，乘驾云车，骖驾白鹿，上到天之门，来赐神之药。跪受之，敬神齐。当如此，道自来。

曹操晚年注意强身健体，确实是取得了积极的效果，并且，在他六十岁时，他还亲自领兵南征西讨，六十岁在当时已是高寿，没有过硬的身体素质是做不到的。

不过，曹操很早就得了一种头疼病，经常发作，经过治疗也不见效果，后来他听说有个神医华佗，便将华佗请来为自己治疗。

华佗，名旉，字元化，汉末沛国谯（今安徽亳州）人，东汉末医学家，与董奉、张仲景并称为“建安三神医”。

他少时曾在外游学，钻研医术而不求仕途，行医足迹遍及安徽、山东、河南、江苏等地。华佗一生行医各地，声誉

颇著，在医学上有多方面的成就。他精通内、外、妇、儿、针灸各科，对外科尤为擅长，一生救人无数，深得人们的称赞和敬佩。

他是外科医学的鼻祖，还是“麻沸散”的发明者，《后汉书·华佗传》载：“若疾发结于内，针药所不能及者，乃令先以酒服麻沸散，既醉无所觉，因刳破腹背，抽割积聚（肿块）。”

在动手术之前，华佗会叫病人先用酒冲服麻沸散，等到病人失去知觉，才动手术，如果病灶在肠胃，就除去疾秽部分，经过清洗和缝合后，然后再在伤口上涂药，四五天伤口即可愈合，一个月就能康复。

华佗还发明了一套可以用来强身健体的“五禽戏”。华佗在《庄子》“二禽戏”（“熊经鸟伸”）的基础上创编了“五禽戏”。其名称及功效据《后汉书·方术列传·华佗传》记载：“吾有一术，名五禽之戏：一曰虎，二曰鹿，三曰熊，四曰猿，五曰鸟。亦以除疾，兼利蹄足，以当导引。体有不快，起作一禽之戏，怡而汗出，因以著粉，身体轻便而欲食。普施行之，年九十余，耳目聪明，齿牙完坚。”

“五禽戏”大体是模仿虎的扑动前肢，鹿的伸转头颈，熊的伏倒在地，猿的脚尖纵跳，鸟的展翅飞扬等动作，并将

这些动作结合起来，形成一套能使全身肌肉和关节得到放松和锻炼的体操。

华佗由于治学得法，医术迅速提高，名震远近。正当华佗热心在民间奉献自己的精湛医术时，崛起于中原动乱中的曹操，闻而相召，让华佗为其治头疼症。

有一次，华佗给曹操治病，经过扎针服药，病治好了。曹操很高兴，想留医道高明的华佗给他当私人侍医。华佗不愿当终日住在深宫大院里的侍医，于是拒绝了曹操。不答应，曹操就不让走。一而再，再而三，华佗一下子住了两个多月。一天，他见了曹操，谎称夫人久病在床，没人照顾，愿等夫人病好后，再来侍奉丞相。曹操信以为真，就派人送他回家。派去的人回来后对曹操说："华佗夫人生病是假，不愿意当侍医是真。"曹操听了很生气。

过了不久，曹操的头风又犯了，没办法，只好派人又把华佗请来。华佗看了曹操的病情，沉思了一下，然后对曹操说："丞相的病要想彻底根除，必须先饮'麻沸散'，再剖开头盖骨，取出大脑里边的风涎，才能彻底治好。不然，以后还会再犯的。"

曹操犹豫不决，再加上小人暗中说了华佗坏话，曹操便怀疑华佗居心不良，也就不敢叫华佗给他治疗了。华佗

见状当众把曹操奚落了一顿。曹操一怒之下，把华佗关进了监狱。

华佗被关进监狱以后生了病，自觉没有出狱的指望了，就下定决心，要把一生为人治病的经验总结出来，流传后世，广济众人。华佗整整写了一年零三个月，才把书写成了。书写成后，他的病也越发沉重了。

有一天，一位狱卒来看他，华佗眼含着热泪，从枕头下拿出那部刚写好的医书对狱卒："你对我很好，我没有什么可以报答，这有我写的一部医书，名叫《青囊书》。它是我一生从医的经验积累，留给你学了济世救人吧！"狱卒听了激动地流下泪，叩拜了师父，收下了药书。狱卒收藏了药书，害怕曹操知道了怪罪，就连夜把书送到家里，交给老婆细心收藏起来。

狱卒回家送书还没回来，华佗就死了。华佗死后，狱卒很难过，发誓要刻苦学习，为民治病，以慰师父在天之灵。不久，狱卒就辞职还家了。当他背着行李，念着药歌，高兴地走进家门时，抬头一看，大吃一惊，只见老婆正在焚烧那部《青囊书》，狱卒不顾一切，跑上去抢救，可惜晚了，烧得仅剩半本。狱卒气坏了，手指着老婆的鼻子质问说："你为什么烧我的药书？"

他老婆含着泪说："我是想叫你多活几天。你没看见吗？华佗师父不就是因为这些本事，才被监禁致死的吗？"狱卒悲愤地对老婆说："一个人来到世上，上不能报效国家，下不能为百姓做点好事，活一百岁又有什么用？"他老婆听了很受感动。可是，书已经烧了，后悔也来不及了。

由于狱卒刻苦钻研那半部《青囊书》，后来也成了一位有名的医生。

在与孙权的合力下，曹操败杀了关羽，保护了襄、樊，但他的身体也在逐渐恶化，回到洛阳后，他便无法再回邺城了，虽然，此时他收到了孙权劝他称帝的信，他也表示有心无力，之后，他的头疼症再次发作，加上战场奔波、日夜操劳，终于病倒，卧床不起，建安二十五年（220年），曹操病逝，终年六十六岁，一代枭雄的人生就此画上句号。

曹操临死前留下遗嘱说："在军中，我依法办事，是对的，但也有过失，这不该效仿，天下尚未安定，我死后不要遵守古代的厚葬制度，我穿的礼服要和平时一样，文武百官要脱掉丧服，各地将士都要坚守职位，不要离开，入殓也不要华服，就将我埋在邺城西面的山上，跟西门豹（战国时的政治家）的祠堂靠近，也不要用金银珠宝陪葬。"

曹操在遗嘱里主要表现的是自己崇尚节俭的作风，他反

对厚葬，这并不是沽名钓誉，曹操在生前也是一直奉行这一准则。

裴松之在为《三国志》作注中引用《魏书》一段话：“雅性节俭，不好华丽，后宫衣不锦绣，侍御履不二采，帏帐屏风，坏则补纳，茵蓐取温，无有缘饰。攻城拔邑，得靡丽之物，则悉以赐有功，勋劳宜赏，不吝千金，无功望施，分毫不与。四方献御，与群下共之。”

其大概意思就是说，曹操为人节俭，不喜欢浮华，不论是自己还是后宫的嫔妃，穿着都不许花里胡哨，什么拖地长裙，刺绣精美图案的，鞋子雕花刻彩的都一律禁止。自己屋内的帷帐屏风落满补丁，盖的被褥絮都散了还在用。坐的都是草垫子或是普通的垫子，从不用什么锦绣绸缎装饰。每次战后缴获的战利品，都按功劳大小论功行赏，从不吝啬。没有功劳想要赏赐的，一点都不给。有时四方进献的礼品，也与大家一起分享。

曹操的《内诫令》里，有这么一条：“孤不好鲜饰严具。”大意是我不喜欢装饰华丽显眼的用具。例如，行李箱，就用竹子为原料，用粗布缝里子。曹操就是拎着这么口简陋的箱子上前线的，而且这是他的常态，“此孤之平常所用也”。

至于吃食，家里用餐也不过“一肉”，就是一道肉菜。甚至曹夫人卞氏请弟弟一家吃饭，连鱼和肉都没有，孤寒得很。

东汉时期，人们喜欢熏香，例如，曹操的谋士荀彧，人称“荀令香”，或称“令君香”，说明荀彧喜欢熏香。

据《襄阳记》记载，荀彧每坐一个地方，那地方就要香三天。荀彧是曹操的手下，经济条件不会比曹操好，都这么海量地熏香，说明曹操还是用得起的。谁知道曹操不好这口，在他的《内诫令》里说：“昔天下初定，吾便禁家内不得熏香。”

曹操的女儿们也很爱美，偏偏不能赶这个时髦，后来嫁给了汉献帝，因为是皇家规格，才终于熏上香了，曹操还引以为憾，说没法禁止嫁出去的女儿熏香，“恨不遂初禁”，恨不能执行当初的禁香令。

曹操更是反对东汉的厚葬之风，他在死之前就为自己准备了四箱送终的衣服，按春夏秋冬区分，并且在遗嘱中说明按照季节穿的衣服入殓，不可陪葬金银珠宝。

曹操崇尚节俭，不仅是物质上的，在官吏的提拔上也是如此，他将是否节俭作为重要的考核标准之一，因此在曹操在世的很长时间，朝野上下政治一派清明。

曹操死后，他的次子曹丕继承曹操为魏王、丞相，兼冀州牧，按照曹操生前的遗嘱，他对曹操的丧事一切从简。

在经过一段时间的准备后，建安二十五年（220年）十月，曹丕逼汉献帝退位，自己做了皇帝，也就是历史上的魏文帝，曹魏正式建国，改元为黄初元年，追尊曹操为魏武帝。

曹操一生的活动，对历史的发展起到了一定的促进作用。

先说政治上，曹操在政治上比较开明，加强中央集权，抑制地方豪强；用人唯才是举，不论出身。曹操打破世族门第观念，罗致地主阶级中下层人物，所统治的地区社会经济得到恢复和发展。

比如，曹操在进驻冀州以后，立即实行“重豪强兼并之法”因而得到了地方百姓的支持。

曹操用人不重虚誉，强调“唯才是举”，只要有才能，即使缺少封建道德品质、出身下层的人，他也注意提拔。210—217年，他先后下了三次“求贤令”，在选拔管理上，选拔和任用一些有才能的人。

他选用官员要“明达法理”，能行法治，且提倡廉洁，考核官吏的重要标准就是廉洁，他用崔琰、毛玠掌管选举，“其所举用，皆清正之士，虽于时有盛名而行不由本者，终莫得进。务以俭率人，由是天下之士莫不以廉节自励，虽贵

宠之臣，舆服不敢过度”，这大大纠正了东汉末年以来腐败的社会风气。

总的来看，黄河流域在曹操统治下，政治有一定程度的清明，经济逐步恢复，阶级压迫稍有减轻，社会风气有所好转。曹操在汉朝的名义下所采取的一些措施具有积极作用。

军事上，曹操是一名杰出的军事家，他精于兵法，有高深的军事理论，著《孙子略解》《兵书接要》《孟德新书》等书。

曹操写成的《兵书接要》一书，是在习诸家兵法的基础上，结合自己的战争经验加以论述的。而所撰《孙子略解》，开创整理注释《孙子》十三篇的先河，丰富和发展了中国古代军事理论。主张“兵以义动”的战争观，强调师出有名，符合道义。在战略战术上灵活多变，因事设奇、任势制胜，兵不厌诈。

在具体的战争中，曹操他治军严整，法令严明。

一次在行军途中，曹操传令不得使战马践踏麦地，如有违犯，一律斩首。士兵皆下马步行，唯恐踏坏麦苗。

可曹操的战马因受惊吓踏了麦田。他即拔剑割下自己一撮头发，以示处罚，足见执法认真。

在用兵方面，史称他：“行军用师，大较依孙吴之法，

而因事设奇，谲敌制胜，变化如神。自作兵书十万余言，诸将征伐，皆以新书从事，临事又手为节度，从令者克捷，违教者负败。”在对吕布、张绣、袁绍、马超、韩遂等一系列战斗中，常用声东击西、避实就虚、埋伏、包抄、突袭、离间、劫粮、攻彼救此、弃物诱敌等战术，谲敌制胜，转弱为强。

他确实是一个极为杰出的军事家。李靖的《李卫公问对》，何去非的《何博士备论》等著作都赞誉曹操的行军用兵。

再说经济上，曹操在北方屯田，兴修水利，解决了军粮缺乏的问题，对农业生产恢复有一定作用，这成为曹操集团的雄厚经济基础。

另外，曹操还减轻了赋税。比如，曹操在攻破邺城后，舍弃东汉后期沉重的人头税，改为户调制，对土地所有者（包括自耕农和地主）收田租每亩为四升，每户出绢二匹、绵二斤，“他不得擅兴发”。这一政策大大减轻了农民的负担，得到了群众的拥护。

在开源的同时，曹操也非常注意节流，并以身作则。在曹操的大力纠正下，东汉以来的奢华之风为之一扭，天下的人都以廉洁勤俭自律，即使是高官显贵也不敢过度铺张。

除了政治、经济和军事上的作为，一代枭雄曹操还精通音律，善作诗文以抒发自己的政治抱负，并反映汉末人民的苦难生活，气魄雄伟，慷慨悲凉；散文亦清峻整洁，开启并繁荣了建安文学，给后人留下了宝贵的精神财富，史称建安风骨。同时曹操也擅长书法，尤工章草，唐朝张怀瓘在《书断》中评其为“妙品”。

一代枭雄曹操的行为中也有为历代人们所诟病的地方：第一，他镇压了黄巾起义，暴露了他与农民阶级的对立立场；第二，在战争中，他杀了太多人，很多是无辜的生命，比如东征徐州时，他为父报仇将很多老百姓无情杀害；第三，曹操性格中有极端残忍的一面，尤其是在功成名就时，将曾经跟随自己的老臣置于死地，如荀彧、崔琰等，神医华佗也被他杀死，对我国的传统医学造成无法弥补的遗憾，

关于曹操的功过，自古以来，褒贬不一，莫衷一是，我们只能用鲁迅的一句话做个总结：“曹操至少是个英雄。”

参考文献

[1]常志强.铁血权臣：曹操全传[M].武汉：华中科技大学出版社，2017.

[2]蔡大东.乱世枭雄曹操[M].重庆：重庆出版社，2011.

[3]曹操.曹操集：以弱胜强[M].北京：中华书局，2020.

[4]度阴山.曹操：打不死的乐观主义者[M].南京：江苏凤凰文艺出版社，2019.